臺灣歷史與文化 研究輯刊

十 三 編

第 18 冊

再現賴和——
戰後臺灣各級詩獎的賴和書寫

黃 淑 華 著

花木蘭文化事業有限公司

國家圖書館出版品預行編目資料

再現賴和——戰後臺灣各級詩獎的賴和書寫／黃淑華 著 — 初
版 — 新北市：花木蘭文化事業有限公司，2018〔民107〕
目 4+158 面；19×26 公分
（臺灣歷史與文化研究輯刊十三編；第 18 冊）
ISBN 978-986-485-310-6（精裝）
1. 賴和 2. 臺灣文學 3. 文學評論
733.08   107001607

臺灣歷史與文化研究輯刊
十三編 第十八冊
                                        ISBN：978-986-485-310-6

再現賴和——戰後臺灣各級詩獎的賴和書寫

作　　者　黃淑華
總 編 輯　杜潔祥
副總編輯　楊嘉樂
編　　輯　許郁翎、王筑　美術編輯　陳逸婷
出　　版　花木蘭文化事業有限公司
發 行 人　高小娟
聯絡地址　235 新北市中和區中安街七二號十三樓
　　　　　電話：02-2923-1455／傳眞：02-2923-1452
網　　址　http://www.huamulan.tw 信箱 hml 810518@gmail.com
印　　刷　普羅文化出版廣告事業
初　　版　2018 年 3 月
全書字數　133185 字
定　　價　十三編 24 冊（精裝）台幣 60,000 元

再現賴和——
戰後臺灣各級詩獎的賴和書寫

黃淑華 著

作者簡介

黃淑華，女，一九六七年生，台灣彰化人，已婚，育有二子。國立中正大學台灣文學所碩士，現職彰化縣線西鄉線西國小，擔任中年級級任導師。

提　要

　　重現「賴和」的方式，有文學研究與文學創作二種。文學研究的數量較多，研究成果可以呈現賴和的歷史真相。而文學創作數量較少，但確是可以呈現文學的賴和。賴和做為臺灣文學的代表人物，他的復活極具象徵意義。不過，筆者考察相關文獻發現，目前對於賴和如何被後世創作者記憶、再現之相關研究，卻付之闕如。

　　本論文首先爬梳戰後臺灣各級詩獎發現，透過文學獎的機制來呈現賴和形象的共有五篇詩作品。接著，從臺灣文學獎的成立與變革中，探討哪些文學獎入選「賴和」的作品，及其創立的宗旨與作品的特色為何，來窺見文學獎機制是否影響文學發展的走向。最後，從有關賴和的詩文創作中，探討、分析這些後世作家，如何運用創作的藝術美學去呈現賴和，呈現的是一個怎樣的賴和。希冀由此研究，發現臺灣文學獎機制再現賴和，可顯露臺灣文學漸趨鄉／本土化的走向，及彰顯文學賴和的獨特性與賴和在戰後臺灣文壇上的意義與價值。

目
次

表目次

第一章 緒 論

第一節 研究動機

在臺灣〔註1〕文學作家當中,賴和具有臺灣新文學之父稱譽。本身正指涉他在臺灣文學史發展當中的起源地位,然而這種論斷只是重複了傳統的見解。如今身處二十一世紀初的我們,以再現的方式,反向去追溯二十世紀初的賴和,發現確有其價值,而此價值並不只是在爲賴和進行擬像,也要探討他背後所涉及眞實的議題——關於歷史的、文學的。

楊雲萍〈追憶賴和〉一文中說:「賴和在去世之前曾對我說:我們從事的新文學運動,等於白做了!我慌忙的安慰他說:等過了三、五十年之後,我們還是一定會被後代人紀念起來的。」〔註2〕,這樣的預言,可謂精準。戰後受戒嚴體制的影響,直到1976年,梁景峰提問說:「賴和是誰?他活在什麼時代?他做了些什麼事?」,〔註3〕賴和才爲戰後臺灣文學研究者所關注,開始浮現在戰後臺灣文學研究,而這正好是賴和死後三十三年。賴和死後四十年,文化界出現了所謂「平反」〔註4〕之聲,在有心人士的努力陳請、

〔註1〕「台」、「臺」二字,本論文爲求劃一,因此統整爲「臺」字。

〔註2〕楊雲萍著,明潭譯,〈追憶賴和〉,《賴和研究資料彙編上》(彰化:彰縣文化,1994),頁17。

〔註3〕梁德民著,〈賴和是誰?〉,《賴和研究資料彙編上》(彰化:彰縣文化,1994),頁44。

〔註4〕陳芳明著,〈百年孤寂的賴和〉,《賴和研究資料彙編下》(彰化:彰縣文化,1994),頁541。

爭取，終能平反，賴和再度入祀忠烈祠。〔註 5〕五十年後，林瑞明的專著研究《臺灣文學與時代精神》（1993 年 8 月）一書出版，形塑了賴和在臺灣文學史上的經典地位。如此的現象，是文學史上的機緣，也是歷史上巧妙的吻合。賴和若不是發生此蒙冤事件，又何需如此漫長的歲月，才重新在臺灣被人提及呢？

誠如陳若曦〈對於臺灣的一切，我相當樂觀〉說：「在我讀高中、大學從沒聽過賴和先生，也沒看過他的作品。直到近幾年，才由朋友們發掘出來，對我而言，『賴和』就像一件出土的文物，同時也是我們所有文學工作者的最佳榜樣。」，〔註 6〕透過梁景峰和林瑞明等人的考掘，賴和的作品，重新在臺灣復活，引起廣泛的注意和討論，使賴和重現於臺灣文壇，還予賴和在臺灣文學史上應有的榮耀與地位。像梁景峰、林瑞明等人的考掘是屬於「文學研究」再現賴和的方式之一。然而，若僅以「文學研究」的方式是否足以呈現賴和的形象？賴和是一位文學創作家，他用文學寫時代的泣痕、社會上生活的疾苦。如今 5、60 年後的我們，是否也能以「文學創作」的方式，書寫賴和，來體現臺灣新文學之父賴和的身影？

依筆者爬梳考察，發現臺灣文學獎中，共有五篇書寫「賴和」而獲獎的作品。分別是解昆樺〈在囚獄中獲致潔淨的光〉（2002 年文建會臺灣文學獎首獎）、李進文〈潛入獄中記〉（2005 年林榮三文學獎首獎）、施俊州〈賴和心經〉（2002 年磺溪文學獎獲選作品）、徐文遠〈聽診〉（2002 年磺溪文學獎獲選作品）、洪崇傑〈稻仔的彼端——致賴和〉（2005 年磺溪文學獎獲選作品）。由此可見，用「文學創作」的方式，確實已成為再現賴和的書寫路徑。文學創作者，經由「文學研究」而重新認識賴和的作品，了解他的思想和精神，再運用語言，將真實之情感行諸於文。

筆者另發現這五篇獲獎的作品，都是以「詩」文類來表現，為何都是詩，

〔註 5〕 王曉波著，〈臺灣新文學之父賴和先生平反的經過〉，《賴和先生平反紀念集》（臺北：紀念賴和先生九十冥誕籌備會，1984），頁 3～18。這篇文章指出關於賴和平反經過，首先是一九七九年立法委員黃順興質詢時，請求內政部查明賴和移出忠烈祠一案，但內政部對有關賴和先生的答覆，竟為反日思想激烈，屬於左派。入祀忠烈祠，本部又無案可稽，故不能再留祀忠烈祠內。接著，是侯立朝先生鍥而不捨寄賴和先生的資料予林洋港部長請求查翻此案，平反此冤。最後，一九八四年一月十九日內政部發函與侯立朝與臺灣省政府，即予辦理恢復入祀忠烈祠。

〔註 6〕 蕭蕭等著，《賴和先生平反紀念集》（臺北：紀念賴和先生九十冥誕籌備會，1984），頁 27。

而不是小說呢？誠如張漢良《現代詩導讀（導讀篇）》說：「固然詩的本質是抒情，它和小說不同，與外在世界的摹擬關係最小，它主要模擬的對象是內在世界，亦即感情的律動。然而外在世界的變動，絕對會不可避免地影響到內在的感情世界，進而影響到詩人的創作。」〔註7〕因此，以詩來書寫賴和，乃因詩是抒情、詩是意象的表徵，能呈現賴和不同於「文學研究」的賴和形象。

　　隨著近年來鄉／本土意識高漲，政府對文化事業的重視，而促使臺灣的文學獎如雨後春筍般，不斷的增加眾多種類的文學獎競賽。〔註8〕誠如莊宜文〈文學競技或人性試煉？〉說：「文學獎是文學潮流的指標，隱隱透露文學發展的蛛絲馬跡。」〔註9〕文學獎就如同試紙一樣，可以做為測試的一種方法。賴和做為臺灣文學的代表人物，他的復活應極具象徵意義。因此，筆者希望透過研究文學詩獎的賴和書寫，窺視在文學獎機制的運作下，是否會影響文學創作家對於創作題材的選擇？文學創作潮流的走向是否也受其影響？臺灣文學的趨向又是如何？臺灣文學獎究竟有哪些？哪些文學獎入選書寫賴和的作品？而這些文學獎創辦的宗旨與其特色為何？這些是本論文的研究動機之一。

　　文學獎機制本身是一個競賽性的範疇，而各種文類中語言的使用，又以詩文類最為精緻、精煉。因此，筆者希望透過文學詩獎的賴和書寫，來探討這些詩文創作是如何呈現賴和，其創作技巧為何？欲呈現的是怎樣的一個賴和，其創作詩觀、主題意識為何？而這些詩呈現的賴和形象，其實就是賴和文學接受史的一環，意即是賴和的文學接受史與這些詩創作的關聯性為何？這些是本論文的研究動機之二。

〔註7〕張漢良、蕭蕭著，《現代詩導讀（導讀篇）》（臺北：故鄉出版社，1982），頁3。
〔註8〕吳憶偉，〈地方文學聲聲響──對地方文學獎的幾點觀察〉，《文訊》218期（2003.12），頁46。這篇文章指出，臺灣當今的文學現象，確有一項非常反常，即是雨後春筍般，不斷增加眾多種類項目的文學獎競賽。臺灣每年有不下幾十種的文學競賽，名目、種類多樣。其中，占最大部分的仍是各地方的文學獎。這種以地方為主體的文學競賽，往往是針對「當地」為創作焦點，不論是以「人」或以「地」為主，地方文學獎的產生，是近年來本土意識高漲、政府對於文化事業注重所孕育生成的現象。
〔註9〕莊宜文，〈文學競技或人性試煉？談文學獎的光明與幽暗〉，《文訊》218期（2003.12），頁41。

第二節　研究範圍

　　以「文學創作」再現賴和的文本，主要都集中於文學獎作品，包括解昆樺〈在囚獄中獲致潔淨的光〉（2002 年文建會臺灣文學獎首獎）、李進文〈潛入獄中記〉（2005 年林榮三文學獎首獎）、施俊州〈賴和心經〉（2002 年礦溪文學獎獲選作品）、徐文遠〈聽診〉（2002 年礦溪文學獎獲選作品）、洪崇傑〈稱仔的彼端——致賴和〉（2005 年礦溪文學獎獲選作品）。

　　臺灣文學獎的舉辦，從戰後起如雨後春筍般紛紛興起，各項文學獎種類繁多。依主辦單位來區分有一、官辦文學獎：行政院、各縣市立文化中心等官方主辦或支持的文學獎。如行政院文化建設委員會舉辦的臺灣文學獎，各地方縣市政府舉辦的文學獎有夢花文學獎、礦溪文學獎等。二、民間文學獎：報社、出版社、基金會、個人（私人）等主辦的文學獎。如聯合報文學獎、時報文學獎、林榮三文學獎、吳三連獎、賴和文學獎、巫永福文學獎等，性質不同且各具有不同權力形式的文學獎。

　　根據《2002 臺灣文學年鑑》「文學獎名錄」〔註10〕，臺灣現有的文學獎項目與種類都相當可觀，將這年度文學獎分為四類：一、全國性文學獎；二、地方性文學獎；三、學生文學獎；四、優良圖書雜誌獎。〔註11〕本論文採《2002 臺灣文學年鑑》的分類方式，以全國性文學獎與地方性文學獎作為研究對象。

　　向陽〈海上的波浪——小論文學獎與文學發展的關聯〉曾指出：「不同文學獎具有不同的目的，從設獎的定位、規則和目的來看，全國性的文學獎顯露出國家機器或文學社群據以鞏固某種意識形態的意圖。」〔註12〕大體來說，全國文學獎的特色（即徵文宗旨），是鼓勵全臺灣人民甚至全世界華文作家，創作有影響力的好作品，為臺灣文壇之生態注入生命力，以彰顯臺灣文學，進而與世界文壇永續接軌。

　　現今，全國性文學獎種類繁多，分別有一、官方所創辦的文學獎，由官方主導文學創作路線，建立文學風格與意識形態，如中山學術著作暨文藝創作獎、文建會臺灣文學獎、文藝獎章等。二、民間單位所舉辦的文學獎，由

〔註10〕　彭瑞金總編輯，《2002 臺灣文學年鑑》（臺北：行政院文化建設委員會，2003），頁 455～468。

〔註11〕　向陽，〈海上的波浪——小論文學獎與文學發展的關聯〉，《文訊》218 期（2003.12），頁 38。

〔註12〕　向陽，〈海上的波浪——小論文學獎與文學發展的關聯〉，《文訊》218 期（2003.12），頁 38。

在野民間如媒體，主導的文學創作，基本上也具有建立或鞏固文學書寫的風潮。據解昆樺〈2009 年臺灣現代詩活動現象〉中所言：「民間辦理文學獎中除有宗教、文教以及出版單位外，最具代表性是以『聯合報文學獎』、『時報文學獎』，以及由自由時報創辦人所舉辦的『林榮三文學獎』最為重要。」。〔註13〕筆者檢閱戰後全國性文學獎中各類型的得獎作品，發現全國性文學獎方面，只有「文建會臺灣文學獎」、「林榮三文學獎」中有兩篇書寫賴和而得獎的作品。因此筆者乃以「文建會臺灣文學獎」、「林榮三文學獎」作為全國性文學獎觀察對象。

其次是地方性文學獎，吳億偉〈地方文學聲聲響〉曾指出：「所謂地方文學獎，是以發揚當地風俗民情特色、鼓勵當地民眾寫作為主要徵文宗旨。」。〔註14〕為了反映當地風情，往往會限制參加者的身分條件，如本籍須在當地、或在當地設籍一年以上，再者是目前在當地就讀、工作、居住者，如礦溪文學獎、夢花文學獎等。但有些地方文學獎則希望比賽作品在質量可以豐實些，於是採參加者身分不拘，但題材必須是當地風俗民情，甚至限制寫作主題，如玉山文學獎、浯島文學獎等。各地方縣市政府文化局透過地方文學獎的舉辦，除了可以帶動地方的文學創作風氣，培養文壇俊秀，還可以達到地方感的認同與凝聚。筆者檢閱戰後地方性文學獎各類型的得獎作品，發現只有「礦溪文學獎」有三篇書寫賴和而得獎的作品，因此筆者乃以「礦溪文學獎」作為地方性文學獎觀察對象。

根據爬梳的文學獎得獎作品中，以賴和為書寫題材而獲獎的作品有 5 篇，分別是全國性文學獎中新詩類 2 篇，分別是解昆樺〈在囚獄中獲致潔淨的光〉（2002 年文建會臺灣文學獎首獎）、李進文〈潛入獄中記〉（2005 年林榮三文學獎首獎）。與地方性文學獎中新詩類 3 篇，分別是施俊州〈賴和心經〉（2002年礦溪文學獎獲選作品）、徐文遠〈聽診〉（2002 年礦溪文學獎獲選作品）、洪崇傑〈稱仔的彼端──致賴和〉（2005 年礦溪文學獎獲選作品）。作為本文研究的範圍，去探究現代的文學創作者如何運用現代詩的形式、技巧以及創作者的詩觀、詩思，如何去重現賴和及呈現何種美學觀？

〔註13〕解昆樺著，〈2009 年臺灣現代詩活動現象〉，《2009 臺灣文學年鑑》（臺南：臺灣文學館，2010），頁 31。

〔註14〕吳億偉，〈地方文學獎聲聲響──對地方文學獎的幾點觀察〉，《文訊》218 期（2003.12），頁 46。

第三節　文獻探討

　　如前所提，再現賴和的方式包括「文學研究」與「文學創作」二者，其中，占最大部分的是「文學研究」。而這數量較多的「文學研究」，相對的在某種程度上，它所代表的是一種成果，有可能會影響整個文學再現的一個方向。以下是進行目前研究賴和的相關文獻探討，做爲本論文論述的基礎。

　　賴和是臺灣文學史上的經典人物，研究賴和的書籍、學術論文、期刊等林林總總爲數不少。這些前人相關的研究，提供筆者探究賴和文學創作的時代背景，是如何影響賴和的創作歷程與文學思想的轉變，使其成爲現代文學的典範。以下分爲專書和學位論文二個方向來探討。

一、專書

　　目前研究賴和的專書有 2 本，分別是林瑞明《臺灣文學與時代精神：賴和研究論集》（1993 年）與陳建忠《賴和的文學與思想研究》（2004 年）。

（一）林瑞明《臺灣文學與時代精神：賴和研究論集》（1993 年）

　　林瑞明撰寫此書前後歷時十年的時間，爲臺灣文學研究學術化樹立墊腳石。本書透過賴和參與臺灣文化協會的整個歷程，記錄臺灣文化協會成立、分裂、再分裂至結束的脈絡，探討當時的社會、政治及文化各方面的活動。臺灣文化協會從原先以提升文化爲目的出發，最後演進爲爭取被殖民者的政治權利，其中歷經 1927 年左右分裂不同路線的對峙，賴和身處民族運動與階級運動兩條不同的政治路線，仍以其堅強的抗日毅力與兼容並蓄的包容力，支援日治下臺灣不同理念的左右兩翼社會運動，呈現臺灣人民在日本殖民統治下掙扎的痕跡。

　　賴和受過完整的日文教育，透過日文來吸收西方文學思潮，使其具有世界觀。所以賴和的文學觀不只有中國五四新文學運動的影響，尚有西方文學的因素。賴和在臺灣新文學的發展過程中，摸索出一條以中國白話文爲基調，但盡量容納臺灣方言的表現方式，這種「亦中亦臺」的表現方式，雖然難免偏向「屈話就文」（主要是臺語有些土音無法以漢字充分表達的緣故），但盡量融入方言、俚語、俗語，使其更能呈現當時臺灣民眾生活語言，文學作品更貼近民間的生活，確實能呈現鄉土特色。賴和的精神是不妥協的，他的文學是人格的反映。參加臺灣文化協會以來，參與全程的政治、社會運動，遭

到恐嚇也好、下獄也好，賴和絕不退縮。賴和是具有反抗精神的作家，這種反抗精神，也是臺灣文學的特色。

賴和的文學是具有反抗精神，但是他總是與時俱進，同時代作家雖然也是以反帝、反封建爲寫作主題，但賴和會隨著時代潮流前進，凡對勞苦大眾最有益的形式，他都能率先實踐，所以在臺灣文學史上他一直是處於開創性的地位。從事新文學寫作，從漢詩體到小說、散文等再回歸漢詩、最後竹枝詞、歌謠等民間文學的採集與創作，保存傳統文化來抵抗日本文化的侵入。語言從「中國白話文」到「亦中亦臺」夾雜的白話文，最後到「臺灣話文」，堅持使用中文書寫來作爲抵抗殖民者的方式之一。臺灣歷史因統治者不同而相繼出現斷裂，但藉由閱讀這些臺灣文學作品，可以補足這些斷層。〔註15〕

此書提供筆者對於賴和文學創作的時代背景有深一層的了解，對賴和文學創作的歷程有更進一步的探究。

（二）陳建忠《賴和的文學與思想研究》（2004 年）

殖民地下的臺灣知識份子與臺灣作家：先由「日據時期知識分子的世代差異」此一問題的爬梳，來了解賴和作爲一名殖民地知識分子，和其他世代的知識份子，由於知識養成與時代影響的差異所形塑的知識分子不同的思想型態，其出現的獨特之時空意義與歷史作用。由「臺灣文學典律的重構與辨證」的角度，進一步看在新舊文學的典律標準轉換過程中，賴和及其他作家如何重新建構與論辯文學的定義與作用問題。最後再根據相關理論如艾勒克‧博埃默（Elleke Boehmer）的《殖民與後殖民文學》等歸納分析，來論證賴和文學如何在思想層面具有解殖民的論述力量，同時配合既有的歷史學、人類學、社會學研究成果，來引證賴和文學世界的現實感性，尤其要針對賴和的反殖民主義實踐，回歸到歷史的抗爭現場去演繹他的文學與思想。

想進一步確認賴和對當代（甚至現當代）知識界產生的影響及其重要地位，就必須掌握賴和的思想特質，欲掌握賴和的思想特質就必須將他放入當時的歷史脈絡裡。賴和是位西醫，接受過西方現代教育的啓蒙者，啓蒙者具有新思想的知識份子，即是具有自由、平等、民主、科學、理性等啓蒙概念的啓蒙主義者。

〔註15〕 林瑞明著，《臺灣文學與時代精神：賴和研究論集》（台北：允晨文化，1993）。筆者參閱內容整理擷取。

有鑒於此，賴和與當代知識分子採不同思考方向，身為文化人的他，以反思啓蒙來抵抗殖民統治者的同化及皇民化。於是賴和參與文化運動，到處演講，以啓迪民智。以白話文的小說文類從事新文學的創作，使文學不再為貴族階級所擁有，而為大眾的文學。鼓勵從事民間文學採集與保存，以保留傳統文化來對抗日本殖民者文化。創作思想更趨近臺灣意識，使用臺灣話文，更貼近勞動階級的日常生活與用語，掃除文盲對抗強勢的日語，誠如後殖民學批評家艾勒克・博埃默所說的一種「文化復興主義」。〔註16〕

本書對於賴和的文學與思想研究詳盡透徹，此書有助於筆者從賴和文學創作的歷程與文學思想的變化，探究現代文學作家如何受其影響而在作品中呈現。

二、學位論文

（一）研究賴和為主要脈絡的學位論文

截至目前為止，研究賴和相關的學位論文有 19 篇，按時間先後順序有：陳明娟〈日治時期文學作品所呈現的臺灣社會──賴和、楊逵、吳濁流的作品分析〉、陳淑娟〈賴和漢詩的主題思想研究〉、張雅惠〈日治時期的醫師與臺灣醫學人文──以蔣渭水、賴和、吳新榮為例〉、林秀蓉〈日治時期臺灣醫事作家及其作品研究─以蔣渭水、賴和、吳新榮、王昶雄、詹冰為主〉、邵幼梅〈賴和小說研究〉、簡志龍〈賴和漢詩中的社會現象分析與研究〉、蘇娟巧〈賴和漢詩意象研究〉、許育嘉〈賴和漢詩修辭美學研究〉、黃立雄〈賴和文學作品中的抗日意識研究〉、鄭皇泉〈賴和小說敘事研究〉、鄧慧恩〈日據時期外來思潮的譯介研究：以賴和、楊逵、張我軍為中心〉、黃勝治〈殖民體制下的反抗思潮─賴和的社會改革思想〉、孫幸娟：〈賴和小說的臺灣閩南語詞彙探討〉、李南衡〈臺灣小說中 e 外來語演變──以賴和 kap 王禎和 e 作品作例〉、伍家慧〈愛爾蘭及臺灣的國家意識覺醒：葉慈與賴和的比較研究〉、謝美娟〈日治時期小說裡的農工書寫─以賴和、楊逵和楊守愚為中心〉、劉孟宜〈日治時期臺灣小說中的主題意識與臺灣話文書寫──以賴和、蔡秋桐、郭秋生之作品為例〉、廖美玲〈魯迅與賴和小說主題之比較研究〉、陳綠華〈賴和白話小說的臺灣話文研究〉，共十九篇學位論文。

〔註16〕陳建忠，《書寫臺灣・臺灣書寫：賴和的文學與思想研究》（高雄：春暉，2004）。筆者參閱內容整理擷取。

其中與本研究相關的論文有陳淑娟〈賴和漢詩的主題思想研究〉、簡志龍〈賴和漢詩中的社會現象分析與研究〉、黃立雄〈賴和文學作品中的抗日意識研究〉三篇。

1. **陳淑娟，〈賴和漢詩的主題思想研究〉**（碩士論文，私立靜宜大學中國文學系，1999）。

本文中以賴和創作量最多的漢詩入手，從新舊文學作品的全面性觀照賴和文學內涵的全貌，予以客觀評價。從賴和漢詩的內容瞭解其主要的思想，再進一步探討兼具新文學創作與傳統文學創作的賴和先生，這樣文人，其文學創作的重心，與其漢詩創作的思想特色及其與時代的關係。〔註17〕

此論文研究賴和的漢詩創作的思想特色及其與時代的關係，提供筆者探究賴和文學觀的特色、文學創作的變遷歷程為何，對於現代作家在文學創作上有何影響？

2. **簡志龍，〈賴和漢詩中的社會現象分析與研究〉**（碩士論文，國立屏東師範學院國民教育研究所，2002）

此論文以歷史觀及社會經濟史的觀點來研究賴和的漢詩，及其背後日據時期臺灣的社會史，從而探索當時的歷史事件對其作品內容及風格之影響。賴和漢詩題材已觸及到：「身世」、「佛學」、「臺灣歷史」、「臺灣農村」等問題，在其漢詩裡慘雜臺灣語詞，以臺灣土地與人民為中心的漢詩，確定了他的臺灣本土意識。賴和漢詩呈現臺灣民族的複雜性，文化的多樣性，賴和的歷史觀、歷史意識，可謂走在時代的尖端，突破原來的漢人中心主義，從多族群的觀點，建立臺灣本土的歷史。〔註18〕

筆者欲從現代作家的作品中去探究賴和的文學精神，理解當時時代氛圍對賴和創作作品內容與風格的影響，此篇論文適足以提供相關的研究資料。

3. **黃立雄，〈賴和文學作品中的抗日意識研究〉**（碩士論文，私立玄奘大學中國語文學系碩士班，2005）

此論文從賴和的的各種文學作品（小說、新詩、漢詩、雜記）中，探討其內容，分析出其中所含的民族意識及抗日意識形態。賴和握其正義之筆，

〔註17〕陳淑娟，〈賴和漢詩的主題思想研究〉（碩士論文，私立靜宜大學中國文學系，1999）。筆者參閱內容整理擷取。

〔註18〕簡志龍，〈賴和漢詩中的社會現象分析語研究〉（碩士論文，國立屏東師範學院國民教育研究所，2002）。筆者參閱內容整理擷取。

揭發殖民政府的苛政及各種不當措施，爲廣大弱勢的臺灣人民抒發不平、爭取權益。因此賴和從事文學創作，其目的一方面是爲了推展中國文化，另一方面則是爲了揭發殖民統治者的瘡疤。透過賴和敏銳的觀察及縝密的思考，以樸實的手法記錄下日本殖民帝國對臺灣人民的不平與壓迫等。

賴和參與社會運動，歷經臺灣民眾黨、新文化協會、臺灣議會期成同盟會等，使賴和在文學創作的思想與理念受時代的影響。相對的在文學的傳承上，作家是民眾的代言者，對社會上不公不義之事，透過文學創作來傳達，正如賴和說：「由來文學就是社會的縮影」。〔註 19〕所以此研究提供筆者，從分析現代作家對臺灣現實社會的諸多問題，如何透過重現賴和來喚醒民眾覺醒，去正視臺灣現代社會上所面臨的諸多問題。

以上這三篇論文提供筆者在研究賴和的文學思想、文學精神與文學創作歷程的演變相關資料。不過，這些研究者皆是從賴和的作品去探究賴和的文學風格，並沒有從現代作家書寫賴和的作品中，去探討文學風格的「賴和」。這觸動筆者亟欲探知臺灣傳統文學究竟如何影響現代詩文類，而又如何從現代詩文類去解析出臺灣傳統文學整個發展的脈絡。

（二）研究文學獎為主要脈絡的學位論文

研究文學獎的論文共有 7 篇，依時間先後順序分別條列如下：莊宜文〈《中國時報》與《聯合報》小說獎研究〉、蔡豐全〈國軍文藝金像獎報導文學獎得獎作品分析〉、張俐璇〈兩大報文學獎與臺灣文壇生態之形構〉、周佐明〈山海文學獎原住民女性代表作家及其作品研究〉、張明珠〈《中國時報》與《聯合報》報導文學獎得獎作品研究（1978～2000）〉、張曉惠〈解嚴以降，三大報文學獎短篇小說獎之文學意涵研究〉、陳玉慈〈凌煙小說之研究〉。其中與本研究相關的學位論文有 3 篇。分述如下：

1. 莊宜文，〈《中國時報》與《聯合報》小說獎研究〉（碩士論文，國立中央大學中國文學系，1997）

此論文以中國時報與聯合報舉辦的小說獎爲研究的議題，採用文學社會學與文學史的觀點，分析小說獎的運作機制與評審結構對文學發展的影響。〔註 20〕提供筆者在探討文學詩獎機制對文學發展有何影響的相關資料？

〔註 19〕 黃立雄，〈賴和文學作品中的抗日意識研究〉（碩士論文，私立玄奘大學中國語文學系碩士班，2005）。筆者參閱內容整理擷取。

〔註 20〕 莊宜文，〈《中國時報》與《聯合報》小說獎研究〉（碩士論文，國立中央大學中國文學系，1997）。筆者參閱內容整理擷取。

2. 張俐璇，〈兩大報文學獎與臺灣文壇生態之形構〉（碩士論文，國立成功
　　大學臺灣文學研究所，2006）

此論文主要是以兩大報文學獎的設立對於臺灣今日文壇生態的形構與影響為論述主軸，分析文學創作與文學批評在文學獎場域上的運作與呈現。〔註21〕這篇論文的研究可以提供筆者在探究文學場域的權力運作，對於作家在創作題材的選擇與呈現的影響。

3. 張曉惠，〈解嚴以降，三大報文學獎短篇小說獎之文學意涵研究〉（碩
　　士論文，私立淡江大學中國文學系碩士在職專班，2009）

此論文首先概述國內重要文學獎，從副刊、近代文學獎分別與臺灣文壇關係，再論及文學獎運作方式與評審結構中的運作與妥協。由每一年的決審意見、決審記錄，從這些記錄中可獲悉臺灣現代文學的暗流與趨向，與文學思潮及文學批評的轉向或延續。最後將三大報小說獎及得獎作品作整理與分析，展現解嚴後文學風貌。〔註22〕筆者也想探求文學獎機制的權力運作對於臺灣文壇有何影響，本論文將以此為研究基礎作臺灣各級文學詩獎得獎作品進行分析。

這三篇論文提供筆者在探討文學獎機制的權力運作，如何影響著作家的文學創作方向、題材、詩想、形式技巧等？對臺灣文壇又形成何種文學風潮？先行研究提供這方面了不少研究的相關資料。不過，這三篇都是以報刊媒體所創辦的文學獎來探討文學獎對臺灣文壇的影響，而沒有從文學獎得獎的作品中去分析作家的文學創作與文學獎所形成生態圈的關係。

將上述的先行研究交叉對照，一一爬梳後，筆者發現目前並無研究者，研究臺灣文學獎中的「賴和」〔註23〕書寫，因此興起筆者研究動機，欲從文學獎中以賴和為題材而獲獎的文學創作作品去分析「文學風格的賴和」，並探討這些獲得詩獎的現代文學作家以何種寫作形式技巧與美學觀去重現賴和？

〔註21〕張俐璇，〈兩大報文學獎與臺灣文壇生態之形構〉（碩士論文，國立成功大學臺灣文學研究所 2006）。筆者參閱內容整理擷取。
〔註22〕張曉惠，〈解嚴以降，三大報文學獎短篇小說獎之文學意涵研究〉（碩士論文，私立淡江大學中國文學系碩士在職專班，2009）。筆者參閱內容整理擷取。
〔註23〕「賴和」加註引號，是另指後來作家用文學創作的賴和。

第四節　研究方法

　　如前述，據筆者考察以「文學創作」來再現賴和都集中在文學獎，而爬梳全國與地方文學獎中發現，書寫賴和獲獎的作品，都是以現代詩這一文類來創作。而在臺灣特殊的時空裡，詩與傳統曾經背離而後回歸。這些獲獎詩人又是如何汲取傳統的創作經驗，將詩的創作技巧與藝術美學觀表現在作品裡。另一方面，文學獎在臺灣文壇上，具有正反兩面效果，對臺灣文學創作也有影響。因此，筆者以獲獎的五篇作品為研究對象，期能從作品的研究中發現，文學獎機制對再現賴和的意義。以下為筆者探述本論文研究方法的背景知識：

一、臺灣文學傳統與現代詩文類傳統

　　臺灣歷經不同民族統治，於是不同性質的文化，與臺灣文化層層堆疊、壓縮與消融，〔註24〕而形成臺灣獨特的文學傳統。然而詩的發展的脈絡，自傳統古典詩到受五四白話文運動新詩提倡，經紀弦現代派主張西方現代詩橫的移植，最後因執政黨一連串外交失利，又回到現實書寫，從事鄉／本土意識的創作。詩的傳統與現代其實只是在形式上的演變，在詩的內涵與表現的意境上，仍是不可缺少的質素。蕭蕭《現代詩入門》說：「詩是精緻的藝術」，〔註25〕藝術的創造原則，是上承傳統，下啟現代，文學思潮亦是如此。蘊含豐富遺產的傳統詩可提供現代詩人汲取創作經驗。

　　臺灣四百年來的歷史，形成臺灣獨特的文學傳統。莊萬壽《臺灣的文學》曾指出：「所謂臺灣文學是：臺灣這個島嶼所產生的文學。它是由出生或曾經居住在臺灣這塊土地的人，以臺灣地區使用的語文來創作的文學。」。〔註26〕臺灣文學在十七世紀以前是屬於「口傳文學」，早期臺灣的原住民沒有文字來寫作，十七世紀來臺開墾的漢人，幾乎都是未受教育不識字的勞動階層，二者都不具備書寫能力，乃以說、唱、跳舞的方式來呈現生活的樣貌與族群的歷史記憶，代代傳遞下去的「口傳文學」。

　　十七世紀中葉（1661）隨鄭氏來臺的明朝遺臣，將漢人的傳統文學帶來臺灣，歷經清朝212年至1920年，「古典漢文學」一直是臺灣文學的主流。

〔註24〕莊萬壽等編撰，《臺灣的文學》（臺北：群策會李登輝學校，2004），頁12。
〔註25〕蕭蕭著，《現代詩入門》（臺北：故鄉出版社，1982），頁191。
〔註26〕莊萬壽等編撰，《臺灣的文學》（臺北：群策會李登輝學校，2004），頁9。

在日治初期（約 1895～1900）出生的知識份子（如賴和、陳虛谷等），文學養成來自書房的漢文學習和日本新式教育吸收世界性的新思潮。除了使用古典漢文學來批判殖民統治者，也因漢文化的包袱逐漸減輕，而使用新文學來表達對舊文化的不滿及反對殖民統治者進行強烈的抗議、控訴，是「以舊形式表達新思想」〔註27〕的新世代漢詩的特色。

1911 年梁啓超建議臺人學習愛爾蘭向日本殖民統治者爭取設置議會，並鼓勵知識份子應該積極投入政治、文化抗爭以求早日擺脫殖民者統治獲致民族解放。黃朝琴、黃呈聰首先於 1922 年提出文學改革理論，張我軍繼之於 1924 年發表文章批判舊文人引起「新舊文學論戰」，使傳統漢文化在臺灣的根基開始動搖了。

二十世紀出生以後的新的一代作家，因小受日本現代化殖民教育，長大留學日本，透過日文吸收西方文學思潮，於是在思想上與技巧產生變化，認為想要以文化運動來取代武裝抗日，就必須透過文學反映臺灣人民的心聲讓大眾都看得懂，才能喚醒臺灣人民覺醒以求改變現狀，於是臺灣文學便由傳統古典文學發展出新文學。

一九五○年代的臺灣文學是反共文學。1949 年中國國民黨與共產黨發生內戰，中國國民黨戰敗退守臺灣。在 1950 年韓戰爆發，中國國民黨在經濟與軍事上須仰賴美國，於是在「冷戰」中站在反共的立場。除了在政治上實施戒嚴，在文化上，因二二八事件與白色恐怖，使許多日治時期的臺灣鄉／本土作家，在戒慎恐懼下，及語言轉換政策下，紛紛封筆。而隨國民政府來臺的「外省籍」作家，主導臺灣文壇。配合反共政策，獎勵以撰寫反共文學作品的作家，使反共文學成一九五○年代文學主流。

在反共、戒嚴時期，臺灣作家無法直接接觸中國現代文學或日治時期反殖民意識作品，唯一吸收思潮的管道，是透過美國引進現代主義思潮。身處於充滿禁忌的臺灣社會下，此時的臺灣作家轉而描寫苦悶、孤獨、虛無的內心世界，現代主義文學成為一九六○年代文學主流。

一九七○年代初期國民政府在外交遭受一連串的挫折。首先是 1970 年 11 月「釣魚臺事件」，1971 年退出聯合國，1972 年美國總統尼克森訪問中國並共同簽署「上海公報」、中國與日本建交等。知識份子開始思索臺灣何去何從？意識到臺灣對他們而言才是最重要的，而開始關心臺灣這塊土地上的人與社會問題，鄉土文學遂成為一九七○年代文學的主流。

〔註27〕莊萬壽等編撰，《臺灣的文學》（臺北：群策會李登輝學校，2004），頁 45。

　　莊萬壽《臺灣的文學》說:『一九八〇年代的臺灣是以『美麗島事件』開啓新頁』。〔註28〕臺灣作家目睹了國民黨政府如何對待民族改革人士,促使作家的政治意識覺醒。在1987年7月國民黨宣布解嚴後,開始關懷社會許多問題。因此許多新的文學類型也陸續出現,如女性主義文學、環保文學、臺語文學、都市文學等,一九八〇年代的臺灣文學呈現多元化樣貌。

　　施懿琳《臺灣文學百年顯影》說:「一九九〇年代的族群文學,成爲臺灣文學最具創意、最具啓示性的文學新生力量。」。〔註29〕臺灣社會在解嚴與經濟高度發展下,因自由多元而呈現許多新舊交雜、問題糾葛,必須面對的社會問題,如族群問題、同志(同性戀)問題等。隨著臺灣社會日益自由、民主,使得每種文學現象都能自由發展。

　　彭瑞金主編,《李魁賢文集第六冊》曾指出:「所謂傳統不只是過去式的存在,而應該是完成進行式的累積。」。〔註30〕詩負有承先啓後的使命,在詩的發展過程中,它兼容並蓄不但吸收過去傳統的養分,還向詩的新天地探索而創造未來傳統的資產。臺灣文學傳統發展脈絡,蘊含著現代詩文類傳統發展的歷程。

　　臺灣新詩的發生,始於1923年5月謝春木以日文創作「詩的模仿」四首詩,翌年4月10日發表於《臺灣》雜誌。與謝春木發表同年,施文杞以中文發表〈假面具〉於《臺灣民報》,但此時仍屬傳統古典詩風行階段。陳千武《臺灣新詩論集》說「日本在1882年由史田部良吉等三人共著的《新體詩抄》便開始有了新詩。」,〔註31〕在日治時期下接受新式現代化教育下的新時代青年,相對於日本殖民政策的差別,自己身爲臺灣人的立場,有所自覺。因而開始對傳統的應酬詩反感,但又無法擺脫對日本殖民統治者的抑壓感。便透過日文的翻譯接受西歐新思潮汲取營養,開始融合前衛藝術技巧,嘗試創作以日常用語的意象新詩採自由路線。〔註32〕繼施文杞之後,當時文壇的知識

〔註28〕莊萬壽等編撰,《臺灣的文學》(臺北:群策會李登輝學校,2004),頁87。

〔註29〕施懿琳等著,《臺灣文學百年顯影》(臺北:玉山社,2003),頁213。

〔註30〕彭瑞金主編,《李魁賢文集 第六冊》(臺北:文建會,2002),頁189。

〔註31〕陳千武著,《臺灣新詩論集》(高雄:春暉,1997),頁52。從《新體詩抄》接受泰西的Poem,跟隨世界的思想潮流,逐漸提高自由民主意識,包含平民意識,導引詩的內容與形式,不斷地改進與演變,而與西歐文學的各種流派,如浪漫或象徵主義等互相影響,脫離文言語脈的韻文意識,透過自然主義文學或現實意識的體驗,進入新的現實主義,強調心象的視覺性造型,改變新詩的性格。

〔註32〕陳千武著,《臺灣新詩論集》(高雄:春暉,1997),頁53。

份子，不分小說、新詩、評論，只要能寫文章就是文人。陳千武《臺灣新詩論集》說：「寫詩的文人都以散文的分行形式灌輸了思想就認定是詩。」，〔註33〕所以在 1934 年到 1936 年詩如雨後春筍，非常多，發表漢文白話文詩作家有張我軍、賴和、王詩琅、楊守愚、廖漢臣等，賴和寫很多散文性的詩，充滿抵抗精神。

在 1924 年臺灣新詩產生的同時，張我軍受中國五四白話文運動的影響，陳千武《臺灣新詩論集》說張我軍：「撰文抨擊舊詩文學與封建頹廢，主張白話文學的建設與臺灣語言的改造」，〔註34〕引發新舊文學論戰，帶給當時文壇相當大的震撼。打破了舊詩定型韻律的形式束縛，直接或間接受到西歐文學思潮的影響，而採自由分行的自由詩。鼓舞了臺灣白話文作家與詩人們發揚民族性的抵抗思考。不過，此一活動僅促進書寫工具的改變，雖是自由詩的形式，仍不脫韻文的範圍，未進入現代詩。

陳千武《臺灣新詩論集》曾提到臺灣現代詩的創作，可從 1932 年陳周和發表於《臺南新報》的作品，還有楊熾昌曾於 1933 年與李張瑞、章良典等組織風車詩社，透過日文引進於：「1924 年由法國興起以近代主知與新抒情的現代主義，採新興藝術與社會現實意識的關聯而創作。」〔註35〕如法國的達達主義與超現實主義，還有德國的表現主義與即物主義。追求前衛性藝術技巧的創作，並與反日民族解放運動結合在一起，追求民族自決，建立具臺灣鄉／本土氣質的獨自性現代詩，實踐現代詩精神。

從戰前 1943 年到戰後 1949 年，是臺灣文壇不成氣候的階段。陳千武《臺灣新詩論集》說過，這一過渡時期幸好尚存一條小溪流——「銀鈴會」詩社組織的成立，為鄉／本土詩文學的傳承延續具有特殊意義，同仁中「有詹冰、林亨泰、錦連三人，追求現代詩創作有優異表現。」。〔註36〕之後，又參與《笠詩刊》的創辦，奠定了《笠詩刊》拓展鄉／本土現代詩創作與理論的根基。

陳千武《臺灣新詩論集》曾指出，戰後隨國民政府從中國大陸來臺的詩人紀弦，「認為臺灣並無所謂什麼臺灣詩壇，也談不到什麼文藝界的。」〔註37〕

〔註33〕陳千武著，《臺灣新詩論集》（高雄：春暉，1997），頁 14。
〔註34〕陳千武著，《臺灣新詩論集》（高雄：春暉，1997），頁 69。
〔註35〕陳千武著，《臺灣新詩論集》（高雄：春暉，1997），頁 54。
〔註36〕陳千武著，《臺灣新詩論集》（高雄：春暉，1997），頁 82。
〔註37〕陳千武著，《臺灣新詩論集》（高雄：春暉，1997），頁 41。

於 1953 年獨資創刊《現代詩》，1956 年宣布成立現代派。推行現代詩運動，採取全盤西化的詩的技巧，追求知性的純粹詩，主張「橫的移植」，有 102 人加盟，造成文壇一股旋風。接著以洛夫、瘂弦、張默等軍中詩人於 1954 年 10 月組織的《創世紀》詩刊活動，引入超現實主義與純粹經驗的美學。

由於這二者皆是由大陸來臺的詩人所組成的，本身是依靠政府統治者的力量，除了個人特有的離根愁緒而忽視臺灣鄉／本土詩文學的特性，對於重要的詩質素批評則不敢談，使他們的詩作逐漸脫離現實生活，而變成晦澀、怪異虛無的詩。直到 1964 年省籍的詩人們組織《笠詩刊》，開始著重現實書寫，恢復鄉／本土的現實，繼續追求現代知性的詩創作，並隨著政治、社會的變遷，擴大了詩的主題與素材，以巧妙的隱喻，顯現出「詩人本身的自覺性鄉土意識與自立自主的超然性」。〔註38〕

在臺灣文學傳統的脈絡中，從明鄭時期永曆初年，浙江人沈光文因颱風而漂泊到臺灣，帶來詩學在臺灣播種。進入清領時期沈光文與諸羅知縣季麒光等十四人組織「東吟詩社」，推展了中國傳統的舊詩文學運動。到了日治時期，受中國五四文化運動影響與日語教育的推行而促進臺灣新詩的產生，再透過日文的翻譯書，吸收西歐文學思潮而促使臺灣新詩進入臺灣現代詩。但在 1937 年臺灣總督府全面禁止漢文的使用，而僅存日文詩的創作。不過銀鈴會卻保存了鄉／本土詩文學，雖然歷經紀弦的現代派與洛夫的創世紀晦澀、虛無的現代詩橫的移植，之後是回歸臺灣鄉／本土的《笠詩刊》，建立臺灣現代詩〔註39〕性格。一九八○年代以後，是臺灣民族主義的歷史敘事與國族認同，政治與文化本土化、台灣化。〔註40〕

本文研究方法即是以臺灣這個特殊的時空所形成的臺灣文學傳統為縱軸線，以現代詩的文類傳統衍革為橫軸線，藉此交互指設，去分析書寫賴和獲獎作家作品與時代的關聯性，探討獲獎作家如何汲取傳統的創作經驗，將詩的創作技巧與藝術美學觀表現在作品裡。

〔註38〕 陳千武著，《臺灣新詩論集》（高雄：春暉，1997），頁 86。

〔註39〕 陳千武著，《臺灣新詩論集》（高雄：春暉，1997），頁 75。所謂「現代詩」，是指具有現代藝術精神的詩，屬於前衛性世界共通的詩法而創作的詩。所謂「臺灣現代詩」，是指依據臺灣傳統、風土、民俗等，獨特的意識或性格所創作的現代詩。

〔註40〕 蕭阿勤著，《回歸現實：臺灣 1970 年代的戰後世代與文化政治變遷》（臺北：中研院社研所，2008），頁 347。

二、文學社會學與文學獎機制

臺灣近代的文學變化，均與臺灣的社會發展有密切關係。隨著社會發展中因政治的操控與反抗，而出現的新文類與新嘗試，及作者們尋找的新認同等。欲掌握新文類、新嘗試與新認同等的發展架構及軌跡，就必須靠文學社會學的理論，才能理解到每一種文學現象的發生與運作。

全國性文學獎與地方性文學獎，在評審團的角度與文學獎舉辦單位所欲形成文壇某種意識主流，產生同是書寫賴和而獲獎的篇數卻不同。因此，筆者希望藉用侯伯‧埃斯皮卡（Robert Escarpit）文學社會學理論，探析文學獎與文學活動、文學創作的關聯性，及社會狀況對文學活動的影響，並探討文學獎機制對再現賴和的意義。

三、資料蒐集與文本精讀分析

如前提，書寫賴和的得獎作品有 5 篇。這些作品都是以臺灣新文學之父賴和生平事蹟為題材，凸顯賴和在日治時期反抗鬥爭的圖象、文學書寫、以及對家人的摯愛。欲探究這些獲獎作家創作的詩思，就必須先了解賴和的生平事蹟與文學創作的精神。而蒐集資料便是深入探索、熟悉的不二法門。所以筆者除了研究賴和的 2 本專書外，再蒐集其他與賴和研究相關的期刊、論文或書籍，藉以探究賴和的生平與其文學創作精神。

其次，蒐集獲獎五篇作品，再輔以詩學理論如蕭蕭：《現代詩學》、卡勒（Jonathan Culler）著；李平譯：《文學理論》及其他相關書籍，作為分析詩作品的工具。期望透過文本精讀，對文學獎作品作深入的分析，以探討書寫賴和的獲獎作家，是如何去再現賴和的文學思想與精神，而表現在創作的內容、形式、技巧與創作的美學觀上。

除上述三種研究方法之外，筆者輔以「訪問法」，直接專題訪問，讓作家現身說法。預先擬訂相關題目，再做進一步深度訪談。訪問後再行記錄整理、分析比較，以供佐證論文資料。

第五節　研究架構

本論文共分為五章，其各章節安排及內容大綱如下：

第一章「緒論」，旨在說明本論文的研究動機、界定研究範圍、爬梳前人相關研究、陳述研究方法，最後再將內容與架構做簡略的說明。

　　第二章「『賴和』的整理與重現」，分為第一節爬梳賴和的生長時代背景、啟蒙教育、思想的轉變如何影響其文學創作，及其在臺灣文學史上的地位與成就。第二節透過文學研究與文學創作二者，探知「賴和」的文學重現歷程。

　　第三章「文學獎作為書寫臺灣新文學之父賴和的機制」，分為第一節先爬梳臺灣文學獎創辦的目的、種類與機制，第二節再分析臺灣有哪些文學獎的「賴和」書寫，探討文學獎機制對再現賴和的意義。

　　第四章「文學獎得獎作家與作品分析」，分為第一節從作者、內容與形式技巧、主題與知識脈絡去分析全國性文學獎得獎作品：一、解昆樺〈在囚獄中獲致潔淨的光〉（2002 年文建會臺灣文學獎首獎），二、李進文〈潛入獄中記〉（2005 年林榮三文學獎首獎）。第二節分析地方性文學獎得獎作品：一、施俊州〈賴和心經〉（2002 年磺溪文學獎獲獎作品），二、徐文遠〈聽診〉（2002 年磺溪文學獎獲獎作品），三、洪崇傑〈稱仔的彼端──致賴和〉（2005 年磺溪文學獎獲獎作品）。

　　第五章「結論」，總結文學重現「賴和」的方式，有文學研究與文學創作二種。文學研究的數量較多，研究成果可以呈現賴和的歷史真相。而文學創作數量較少，不過，確可以呈現文學的賴和。隨著臺灣鄉／本土意識的抬頭，文學獎的作品書寫題材與風格逐漸轉向，賴和再度成為反抗的代表符號，作為喚醒現代人關注社會諸多問題。希冀由分析以賴和為書寫對象，而獲文學獎的新詩得獎作品中，發現臺灣文學獎機制再現賴和，可顯露臺灣文學漸趨鄉／本土化的走向，及彰顯文學賴和的獨特性與賴和在戰後臺灣文壇上的意義與價值。

第二章 「賴和」的整理與重現

第一節 賴和生平及其文學成就

一、賴和生平

> 多數人作少數人的犧牲／拚著無價值的生命／醉迷迷呼喚不醒／
> 試問他所處的現境／為何反忍耐、緘默／使我眼中腦際／覺比身受
> 的更忍耐不得〔註1〕　　　　　　　　　　　　　　賴和〈多數者〉

　　同時接受漢學教育的與新式教育的賴和，透過日文來吸收新知，而與世界思潮接軌，掌握世界思想脈動，知悉人是生而自由、平等的。目睹未受啓蒙教育，對世界潮流一無所知的貧苦農民，對於殖民統治者在經濟上與政治上的剝削與欺凌，竟然能忍耐且緘默不語，令他覺得比自己身受還難過。胸懷人道主義的他，遂把啓迪民智、喚醒群眾以爭取生存的尊嚴，視爲畢生之志。透過椽筆欲將現實實況用中文將它一一記錄下來，讓臺灣民眾去省思，在日本殖民統治下，究竟是過著怎樣悲慘的生活。透過新文化運動，提升民眾的知識，喚醒群眾爭取人權。因此，本節試圖從賴和的生長背景、受教育、行醫及參與政治、新文化運動的脈絡下，探知與時俱進的他，其思想是如何隨著時代思潮而轉變？這樣的轉變對其文學的創作上有何影響？

〔註1〕林瑞明編，《賴和全集 新詩散文卷》（臺北：前衛，2000），頁 75。

（一）生長背景

賴和，原名賴河，又名賴癸河。筆名有「懶雲」、「甫三」、「安都生」、「走街先」、「灰」等，其中最常用的是「懶雲」，是其別號，也刻在墓碑上。清光緒二十年（1894 年）5 月 28 日生於彰化廳線東堡彰化街市仔尾，西元 1943 年 1 月 31 日病逝，享年五十歲。〔註2〕剛出生三個月的賴和，就因甲午戰敗（1895 年 4 月 17 日）的清廷將臺灣割讓與日本，而在國籍欄位更改為「日本帝國殖民地臣民」，從此與臺灣其他眾人一樣被殖民的命運。祖父賴知（諱欽嶽，號長鎮），祖母黃氏，父親名賴天送，母戴允。賴和為第十七世，排行第一，下有弟妹六人，一人早夭。賴和先祖賴鳳高在清代原是花壇的大地主，卻於同治元年因戴潮春事件〔註3〕，而家產被查封致家道中落，從賴和遺稿得知：「余家資產淡薄，為戴案橫受波累，一遭查封，重以死喪相尋，生計遂陷艱難。」。〔註4〕由於出身於沒落家族的賴和，所以養成他胸懷人道主義，關懷貧困的弱勢民眾。

之後，原有賭性與毒癮的賴知幡然悔悟，遂放下原習的拳法，改學弄鈸，即是臺語所說的「弄樓」（弄鐃），憑此技藝改善家計。賴和曾描寫祖父除去惡習奮勉自力的情形：「及到歲時，翻然一改，祖父本有學拳法，遂學弄鈸，技成，遂聞名，近遠各處爭聘請，遂以成家，吾們後人得其餘蔭幸無凍餒。」〔註5〕莊永明，《臺灣百人傳》曾指出：「賴和之父天送，則以道士為業，替人作法事，兩代憑此行業，竟也能有儲蓄。」〔註6〕賴和祖父與父親二代，憑藉道士此行業而添購家產，從無到有，擁有田產十甲左右，年收租三百石，使得賴家子弟得以受教育。

〔註2〕 有關於賴和生平的敘述參考陳建忠所做的整理，見氏著，《書寫臺灣·臺灣書寫：賴和的文學與思想研究》（高雄：春暉，2004），頁 505～573。

〔註3〕 林瑞明著，《臺灣文學與時代精神：賴和研究論集》（臺北：允晨文化，1993）頁 28。在 1862～1864 年的戴萬生〔潮春〕事件中，賴家是站在受到太平天國影響而起義的八卦會這邊。這一事件，北波及至淡水，南至嘉義，歷時前後將近三年，可謂全島騷動。

〔註4〕 林瑞明編，〈伯母莊氏柔娘苦節事略〉，《賴和全集 雜卷》（臺北：前衛，2000），頁 54。

〔註5〕 林瑞明編，《賴和全集 新詩散文卷》（臺北：前衛，2000），頁 283～284。

〔註6〕 莊永明，《臺灣百人傳》（臺北：時報文化，2000），頁 75。

（二）啟蒙教育

> 懶先生是西醫，是現代人，不知是什麼緣故，大概是遺傳性的作祟
> 罷！也有點遺老的氣質，對於漢學曾很用心過，提起漢學自然會使
> 人聯想到中國的精神文明，懶先生雖不似衛道家們時常悲世嘆人，
> 也似有傾向到精神文明去的所在，對現代人的物質生活，卻不敢十
> 分讚同，所以被人上了「聖人」一個尊號（假性）。〔註7〕

賴和〈鬥鬧熱〉

賴和十歲開始入書房接受漢學教育，受黃倬其漢文教育的影響最大，使
其得以奠下深厚的古典文學基礎，就如同賴和在〈鬥鬧熱〉裡所言，提起漢
學自然會使人聯想到中國的精神文明。由此可知，接受漢文教育，與其漢文
化認同及漢民族意識的建立息息相關。同時入公學校接受第一階段的殖民地
新式教育，之後，考進臺灣總督府醫學校接受第二階段新式教育，並透過日
文和中文閱讀中國與世界文學作品，對於世界思潮與世界視野也隨之拓展，
而養成為一位具現代化及新思想的知識份子。

日本「大正民主」時期，臺灣人利用這個思想最自由的階段，留學東京
的學生成立啟發會。在1920年創行《臺灣青年》刊物，並向島內傳遞啟蒙思
潮與民族意識，引發臺灣本島內文化啟蒙運動風起雲湧，而進入一個文化抗
爭取代武力抗爭時期。具啟蒙思想的現代知識分子的賴和，參與臺灣文化協
會擔任理事，從事新文化運動，以提升臺灣人文化，才有作為「人」價值，「生
存」的尊嚴。

這段期間，與時俱進的賴和，參與新文化運動的經驗，使其文學思想明
顯不同於醫學校時期、渡廈階段。了解賴和的生長背景後，再繼續追索賴和
在受啟蒙教育，及參與啟蒙運動後，其文學思想的轉變歷程，從而探知賴和
如何被文學界奉為「臺灣文學之父」，其文學思想與文學精神對於戰後研究者
與創作者的影響為何？

日治時期，殖民政府一直在推動殖民教育。但因臺灣人對漢文教育的需
求，無法完全取代傳統書房教育，只能採取漸進式的「漸進主義」。直到1937
年禁用漢文之前，民間一直維持著書房教育。賴和先後接受二次漢學教育。
1903年十歲的賴和先被送進竹板書房學習漢文，同年十月被書房先生送進彰
化公學校讀日本書。從此有一段時間，同時接受日文與漢文教育。

〔註7〕林瑞明編，《賴和全集 小說卷》（臺北：前衛，2000），頁106。

　　賴和〈書房與學校〉曾說：「無奈學教只有半日的授業，下午又不能不到書房去」。〔註 8〕雖然同時接受日文與漢文教育，但書房教育對賴和的文化認同與文學的創作，與他接受日本教育一樣重要。就如林瑞明《臺灣文學與時代精神：賴和研究論集》對賴和描述：「經由書房教育，賴和與中原文化的大傳統（great tradition），更進一步接近。」，〔註9〕是賴和能寫傳統詩的重要根源，而傳統詩是他的心靈寄託。

　　1907 年賴和被父兄送至彰化南壇旁地方父老所築之小逸堂，接受塾師黃倬其（黃漢）教導。賴和說他在小逸堂前後「凡年序兩庚」，所以受業於黃倬其（黃漢）二年。賴和的漢文基礎，即是在黃倬其（黃漢）的指導下奠定的。

　　賴和對於傳統竹板書房的背誦、打罵教育非常厭惡，但從未排斥漢學，終生還是以漢詩抒情言志。賴和〈書房與學校〉曾這樣描述：

> 書房在我是不願去，我比喻它做監獄，恐怕有人要責罵我。……後來上學去，每天就有半日的自由，在當時，人們視漢文猶較重要，對於讀日本書不大關心，甚且有些厭惡，以為阻礙漢文的教育，我呢？正與他們相反，卻不是歡喜學校的功課，因為到那兒有讓我們自由嬉戲的時間。〔註10〕

不過，塾師黃倬其（黃漢）的教法卻深獲賴和的喜愛。賴和對黃氏的漢學教育不但不排斥，而且成為其日後極其重要的文學與文化資產。這段書房教育對於賴和漢民族意識的養成、對漢文化的認同以及鄉／本土意識的強化，深具重要之影響力。

　　賴和於 1909 年 4 月考進臺灣總督府醫學校就北上就學，接受第二階段新式教育。並透過日文和中文閱讀中國與世界文學作品，對於世界思潮與世界視野也隨之拓展，而養成為一位具現代化及新思想的知識份子。

　　臺灣總督府醫學校教育內容有現代西方科學醫學的知識教育、科學理性、西方文明等與傳統文化教育不同的知識。賴和〈高木友枝先生〉曾說：「此後，先生的講話，漸有關於政治法律，後來於學課上，設一課衛生行政學，

〔註 8〕　林瑞明編，〈書房與學校〉，《賴和全集 新詩散文卷》（臺北：前衛，2000），頁 239。

〔註 9〕　林瑞明著，《臺灣文學與時代精神：賴和研究論集》（臺北：允晨文化，1993）頁 9。

〔註10〕　林瑞明編，〈書房與學校〉，《賴和全集 新詩散文卷》（臺北：前衛，2000），頁 238。

使我們於政治法律，有些少知識。」〔註11〕接受醫學校教育的賴和，同時也接受政治、法律及近代西方啓蒙思潮。賴和在〈高木友枝先生〉曾提及，當時的校長爲高木友枝對臺灣人有相當期許，若沒事每週會上一點鐘的修身課程，甚至在每期卒業式的訓話上，總說：「要做醫生之前，必須做成了人，沒有完成的人格，不能盡醫生的責務」〔註12〕，賴和本身亦受相當程度的影響。

賴和就讀臺灣總督府醫學校期間，透過日文和中文閱讀中國與世界文學作品，接觸近代西方啓蒙思潮，使自己的世界思潮與世界視野也隨之拓展，而養成爲一位具現代化及新思想的知識份子。賴和紀念館收藏著許多賴和生前閱讀中國新文學的雜誌，當時也放在賴和醫院的圖書室，供文友借閱，如楊逵在〈憶賴和先生〉一文中曾說：「先生的客廳裏，擺著一個長方形的桌子。在桌子上，經常擺著幾種報紙和雜誌。」，〔註13〕曾留學於北京的賴賢穎〈溫文儒雅的賴賢穎〉中曾回憶說：「當時祖國方面的雜誌如《語絲》、《東方》、《小說月報》等，我都買來看，看完就寄回給賴和，賴和就擺在客廳，供文友們閱讀。」，〔註14〕可知，賴和閱讀中國新文學作品。

陳建忠《書寫臺灣・臺灣書寫：賴和的文學與思想研究》說：「賴和未曾出國留學，所以幾乎沒有談論有關受外國文學影響的文字，目前只能透過作品風格，與相關資料來作推測。」〔註15〕如〈一桿『稱仔』〉最後賴和說「這一幕悲劇，看過好久，每欲描寫出來，但一經回憶，總被悲哀填滿了腦袋，不能著筆。近日看到法朗士的克拉格比，才覺這樣事，不一定在未開的國裏，凡強權行使的地上，總會發生，遂不顧文字的陋劣，就寫出來給文家批判。」〔註16〕陳建忠指出他從賴和的作品中推測出，法朗士（1844～1924）人道主義的思想、同情弱者的社會主義，影響賴和的文學創作。可見，賴和透過日文，來吸收西方的文學思潮。

〔註11〕 林瑞明編，〈高木友枝先生〉，《賴和全集 新詩散文卷》（臺北：前衛，2000），頁288。
〔註12〕 林瑞明編，〈高木友枝先生〉，《賴和全集 新詩散文卷》（臺北：前衛，2000），頁290。
〔註13〕 楊逵著，〈憶賴和先生〉，《賴和研究資料彙編上》（彰化：彰縣文化，1994），頁21。
〔註14〕 黃武忠著，〈溫文儒雅的賴賢穎〉，《臺灣作家印象記》（臺北：眾文，1984），頁66。
〔註15〕 有關於賴和透過閱讀中國與世界文學作品，在創作思想上受其閱讀之作家影響的相關敘述參考陳建忠所做的整理，見氏著，《書寫臺灣・臺灣書寫：賴和的文學與思想研究》（高雄：春暉，2004），頁149。
〔註16〕 李南衡主編，《賴和先生全集》（臺北：明潭，1979），頁18。

（三）啟蒙運動的參與

賴和 1914 年 4 月 15 日畢業於臺北醫學校，先留在臺北實習，後經醫學校推薦到嘉義醫院實習。1917 年 6 月因在嘉義醫院工作不順遂，所以回故里彰化市仔尾自行開設賴和醫院。據賴和在〈阿四〉中曾描述，到嘉義醫院受到種種不平等的待遇。如他的俸給只是同時拜命的日本人一半，宿舍僅供日本人，本島人得自己外租。不被醫院承認是一個完全的醫生，即使是過了一年，所執事務仍是筆生和通譯的範圍（李南衡註：抄寫員和翻譯）。〔註 17〕就如賴和曾於〈飲酒〉中感嘆的說：「我生不幸爲俘囚，豈關種族他人優。弱肉久矣恣強食，至使兩間平等失」。〔註 18〕使賴和深刻體驗到生活在殖民統治下，受到的種族歧視與差別待遇之不平的現實。

1918 年 2 月 25 日，從基隆出發渡海至廈門，以醫員身份任職於鼓浪嶼租借的博愛醫院。但眼見五四運動以來的高昂反日思潮，及仗日本勢力欺壓中國人的「臺灣呆狗」。〔註 19〕加上軍閥割據的中國政情混亂，賴和感到無限失望。不禁嘆息說：「人病猶可醫，國病不可醫」，在其所寫漢詩中〈歸去來〉「十年願望一朝償，塞翁所得原非福。」，〔註 20〕可知賴和在中國廈門之行，實際接觸祖國後，帶給他不同以往的衝擊，結果並不甚得意。

於是在 1919 年 7 月中旬，從博愛醫院退職返臺，繼續在彰化行醫，他的醫術醫德贏得當地人的愛戴與「彰化媽祖」稱譽。《臺灣日日新報》第 6913 號〈彰化特訊〉報導：「醫生歸來。彰街醫生賴和氏，騷壇中一青年健將也。去歲夏間渡廈，在該地博愛醫院奉職。因鄉土是戀，故于日前歸彰。現在修繕舊居，不日當依舊開業，以應一般之求診云」。〔註 21〕不過，卻因在廈門受到五四運動的衝擊〔註 22〕、中國辛亥革命經驗〔註 23〕的啓示，深覺民族自決

〔註 17〕林瑞明編，《賴和全集 小說卷》（臺北：前衛，2000），頁 267。

〔註 18〕李南衡主編，《賴和先生全集》（臺北：明潭，1979），頁 381。

〔註 19〕林瑞明著，《臺灣文學與時代精神：賴和研究論集》（臺北：允晨文化，1993），頁 32。賴和對此類人的行徑曾有詩加以譴責：門牌國籍註分明，犯禁公然不少驚。背後有人憑假藉，眼中無物任縱橫。

〔註 20〕林瑞明編，《賴和全集 漢詩卷下》（臺北：前衛，2000），頁 394。

〔註 21〕林瑞明編，《賴和全集 雜卷》（臺北：前衛，2000），頁 243。

〔註 22〕林瑞明著，《臺灣文學與時代精神：賴和研究論集》（臺北：允晨文化，1993），頁 54。賴賢穎肯定他自己受到五四新文化運動的影響，而在訪問他中，他曾回答訪問者：當時祖國方面的雜誌如《語絲》、《東方》、《小月報》等，我都買來看，看完就寄回家給賴和，賴和就擺在客廳，供文友們閱讀。

的重要性，體驗到一個新時代變局的來到。尤其對啓迪民智的重要性有進一步的看法，於是盡一己之力推動白話文運動。使被執政者所認爲是無知的臺灣民眾，得以透過啓蒙運動曉得有所謂的民權，曉得官民原屬於平等，以引起多數民眾的共鳴，使臺灣得以解放成功。而白話文正是啓迪民眾最佳語言工具，就如賴和在〈彫古董〉所言：

> 懶先生！請你原諒，恕我唐突地寄給你這麼一封信，我本不認識先生，……我是一個半工半商的青年，沒有受過甚麼教育，……對文學不用說是門外漢，……工作的餘暇，卻也不甘自棄地看了些雜誌，因此漸漸引起我讀書的意識……尤其對於白話文，我自己覺得特別感到興味，—這也許是我沒有受過教育，而白話文比較地易於了解的緣故吧？〔註24〕

於是賴和 1921 年底開始大膽嘗試新文學創作，但於 1925 年才公開發表新文學作品隨筆〈無題〉於《臺灣民報》67 號。語言的應用即是用中國白話文，寫出任何中國人都讀得懂的作品。

回臺後，賴和隨即於 1921 年加入臺灣文化協會的文化啓蒙運動，由於行醫時感到種族歧視的悲哀、廈門之行對中國失望經驗，使得賴和意識到只有改造臺灣本土才有希望。賴和於是開始從事新文學創作，以白話文作爲書寫工具，使沒受過教育的絕大部分臺灣民眾，都能了解臺灣的現況與受壓迫的原因，從覺醒而抵抗到爭取生存的尊嚴。

誠如解昆樺在〈雛構新詩文體語言——賴和新詩手稿中的意象經營與修辭意識〉指出：「在臺灣新詩文體發展的研究領域中，戰前 1920～1930 年代賴和對新詩的嘗試性書寫，確實在詩文本層次提供了戰前臺灣新詩文體一個定標，導引著後續詩人的新詩文本走向。」〔註25〕賴和的文學，深遠影響同時代及後一輩的臺灣作家。除了來自本身寫作的天份、五四新文學思潮的影響之外，最重要的是參與社會運動的實踐經驗而來，因此想了解賴和文學思想的轉變，就得追索其時代氛圍與相關的活動。

〔註23〕 陳建忠，《書寫臺灣·臺灣書寫：賴和的文學與思想研究》（高雄：春暉，2004），頁 141。賴和在受到世界性自決運動衝擊時，新中國的革命經驗應當是比起其他地區的運動更能引起共鳴的。

〔註24〕 林瑞明編，《賴和全集 小說卷》（臺北：前衛，2000），頁 108。

〔註25〕 解昆樺著，〈雛構新詩文體語言——賴和新詩手稿中的意象經營與修辭意識〉，《臺灣文學研究學報》11 期（2010.10），頁 38～39。

　　一九二〇年代的臺灣，正如林瑞明《臺灣文學的歷史考察》所言：「受社會內部的變化與外在思潮的衝擊下，面臨一個轉型期。」〔註26〕當時受日本殖民教育的臺灣知識份子，因吸收新知而成為文化啟蒙者，認為想要改變弱小民族的命運，就得展開新文化運動，努力的引介中國五四文學革命的成果與西方近代文學思潮，以更新精神界，新文學運動正是因應這時代需求而如火如荼的展開。1921 年 9 月甘文芳在討論第一次世界大戰後文學應走的方向，同時亦注意到中國新文學現象：

> 戰後中華文學漸漸被介紹到歐美，又有以青年為中心的新文化運動，實在值得慶幸。在這樣迫切的時勢要求和現實生活的重圍之下，以不需要再有往昔的那種有閑的文學了。僅僅以為是風流韻事茶前酒後的玩物，可以預想不久到來的將成為空虛的社會。〔註27〕

1921 年 12 月陳端明在《臺灣青年》三卷六號，發表了〈日用文鼓吹論〉，掀起了白話文運動的序幕。陳端明曾分析各國情形來說明日用文應當改革：

> 試觀現今所謂文明各國，多言文一致，唯臺灣獨排之，此因承教於中華之後，故言文各異，然今之中國，豁然覺醒，久用白話文，以期文言一致，而我臺之文人墨士，豈可袖手傍觀，使萬眾有意難伸乎，切望奮勇提唱，改革文學，以除此弊，俾可啟民智，豈不妙乎？白文之利，第一可以速普及文化，啟發智能，同達文明之域，第二意義簡易，又省時間，稚童亦能道信，自幼可養國民團結之觀念，其影響於國家不少。〔註28〕

之後，1924 年末張我軍發表〈請合力拆下這座敗草叢中的破舊殿堂〉，抨擊無病呻吟的舊文學，而引發新舊文學論戰。

　　林瑞明在日人小野村林藏的〈現代文藝之趨勢〉一文中說：「小野村強調文藝是時代精神之反映，而十九世紀以來的科學是『事實』之學問，因之時代精神『尊重真實』，亦影響及於現代文藝，並且作品『內容生活之真告白』，這是『現代文藝之真味』。〔註29〕」具現代新思想的賴和受西方文潮影響，與時俱進的他，思考著傳統的舊文學已不符實用。雖有其存在之價值，但它是

〔註26〕林瑞明著，《臺灣文學的歷史考察》（臺北：允晨文化，1993），頁 2。
〔註27〕甘文芳著，〈實社會與文學〉《臺灣青年》三卷三號，和文之部，頁 35。轉引自林瑞明著，《臺灣文學的歷史考察》（臺北：允晨文化，1993），頁 6。
〔註28〕陳端明著，〈日用文鼓吹論〉《臺灣青年》四卷一號，漢文之部，頁 26。
〔註29〕林瑞明著，《臺灣文學的歷史考察》（臺北：允晨文化，1993），頁 8。

貴族文學，對象是士階級，不屑與民眾發生關係。所以無法普及社會大眾，無法引起大眾百姓的共鳴。

臺灣文化無法提升，那麼人民將活在受壓迫、欺凌、無生存尊嚴的悲慘生活。相對地林瑞明〈開頭我們要明瞭地聲明著〉說：「新文學是倡導平民文學、普及民眾文化的一種藝術運動最適用的工具。」〔註30〕，於是賴和以實際行動響應新文學來啓迪民智，由漢詩的寫作轉而率先用白話文作爲文學表現工具，把在殖民統治下社會各階層的生活問題表現在作品上。1925 年發表〈無題〉爲新文學打開一扇窗，接著發表第一首新詩〈覺悟下的犧牲〉、第一篇小說〈鬥熱鬧〉，爲新文學奠定基礎。同時又擔任《臺灣民報》學藝欄的編輯，影響著文學的發展的方向，像楊守愚、陳虛谷，尤其是楊逵，都深受他的影響。楊守愚曾在〈小說與懶雲〉中說：「我認爲賴懶雲是臺灣新文藝園地的開墾者，同時也是養育臺灣小說界以達於成長的褓姆。」〔註31〕，林衡哲也說：「臺灣新文學在賴和辛勤的播種下，終於結下了美好果實，而賴和所代表的文學精神：對強權的抗議、對小人物的同情、追求人性的尊嚴變成了近代臺灣文學光輝不朽的文學傳統。」〔註32〕賴和爲臺灣新文學奠定基礎。

被日本殖民者壓迫的深切體驗，使賴和了解到想要獲得自由，就必須向殖民者奪回。1907 年林獻堂在日本與梁啓超見面，針對臺灣人在日本佔領下不幸遭遇的問題，請問梁啓超該如何做才能使臺灣人民獲得自由、平等。如吉田莊人《從人物看臺灣百年史》說梁啓超認爲

> 在今後的三十年內，中國還沒有解救臺灣同胞、獲得自由的力量，因此絕對不可以輕舉妄動，做無謂的犧牲。最好的方法，就是仿效愛爾蘭人對抗英國的做法。起初，愛爾蘭人不顧一切的發動叛亂，結果卻遭來警察、軍隊的鎮壓。之後他們改弦易轍，設法結交英國朝野顯要，成功地緩和了鎮壓，並且逐步取得參政權。〔註33〕

林獻堂於是決定採取較穩健的做法，廣結政府要人來牽制總督府的鎮壓。1921 年 1 月 30 日，林獻堂等人在往後的十三年內十五次向日本帝國議會

〔註30〕　林瑞明編，〈開頭我們要明瞭地聲明著〉，《賴和全集 新詩散文卷》（臺北：前衛，2000），頁 205。

〔註31〕　楊守愚著，明潭譯，〈小說與懶雲〉，《賴和研究資料彙編上》（彰化：彰縣文化，1994），頁 41。

〔註32〕　林衡哲著，〈臺灣現代文學之父〉，《二十世紀臺灣代表性人物（上）》（臺北：望春風文化，2001），頁 53。

〔註33〕　吉田莊人著，彤雲譯，《從人物看臺灣百年史》（臺北：武陵，1997），頁 42。

遞交臺灣議會設置請願書。在第一次議會設置請願運動之後，臺灣人民的民族意識大為提高，由於請願運動的推展，需要一具有組織力的團體，因此蔣渭水在這年 10 月 17 日設立「臺灣文化協會」。〔註 34〕

　　被日本殖民者壓迫的深切體驗，使賴和了解到自由必須向殖民者奪回。林瑞明《臺灣文學與時代精神：賴和研究論集》曾說，從廈門返臺的二年後，1921 年臺灣新文化協會成立時，遠在彰化行醫的賴和未克參加，不具政治領導慾的賴和，未曾想到會被推薦為理事，於是寫信給蔣渭水說：「古人云有死天下之心，才能成天下之事，足下所創事業是為吾臺三百餘萬蒼生利益打算，僕亦臺人一份子，豈敢自外。但在此時尚非可死之日，願乞把理事取消。」〔註 35〕但蔣渭水並未取消其理事資格，而且前後五次大會仍一直身任理事，這是他參與社會運動的開始。

　　從臺灣文化協會的成立、分裂、再分裂而至結束，賴和在路線轉折之際，具有其微妙的角色。他是一個文化人，在整個抗日運動的過程中，是以爭取臺灣殖民地的政治權利出發。即使在 1927 年「左右傾辯」的對峙裡，賴和都是以反抗殖民統治者的立場，反抗日本帝國主義。他不畏強權支持文化講演，再加上他的行醫收入，支援了日據下左右翼的政治運動，而起了一定程度的作用。

　　1923 年 12 月 16 日因治警事件而遭拘禁的賴和，使得他對日本殖民統治者有更深一層的體悟，決定與日本統治者劃清界線，並開始留鬍子，以告別先前的賴和。參加臺灣文化協會的同時，賴和也從事新文學的創作，而此時的文學作品充滿強烈的現實感，及濃厚的反抗意識，實與他參與文化、社會運動有關聯。如林瑞明《臺灣文學與時代精神：賴和研究論集》說：

> 從他參加臺灣文化協會的全程加以觀察，賴和最大的成就在新文學運動方面，對於文化的啟蒙盡了全力；而他的文學之所以顯得突出，其中一個重要因素，是與臺灣的現實社會緊密連結，表現了殖民地的抗議之聲；這又跟他的社會運動、政治運動有密切的關連，……。
>
> 〔註 36〕

〔註 34〕 吉田莊人著，彤雲譯，《從人物看臺灣百年史》（臺北：武陵，1997），頁 47。
〔註 35〕 林瑞明著，《臺灣文學與時代精神：賴和研究論集》（臺北：允晨文化，1993），頁 155。
〔註 36〕 林瑞明著，《臺灣文學與時代精神：賴和研究論集》（臺北：允晨文化，1993），頁 201。

加入文化協會後使他更接近農民、工人、苿販等,更深一層瞭解到這些無產階級受到傳統封建地主、及日本帝國主義統治者,在經濟上、政治上受壓迫的種種苦難,而一一緊扣現實於文學作品,如〈覺悟下的犧牲──寄二林的同志〉,描述彰化二林地區蔗農與製糖會社因甘蔗採收問題而起衝突,警察逮捕蔗農 8、90 人,經由法院於二林庄實施戒嚴,引發二林事件。〈一桿『稱』仔〉的反抗精神更為明顯,秦得參失去耕種土地的權利,無法謀生在走投無路之下,向鄰人借了一桿稱仔,到市場去賣苿,誰知遭遇警察無理的取締而被捕入獄,心中悲哀之情不可自抑,遂結束自己的生命。但同時,街上亦盛傳,一位夜巡的警察,被殺在街道上。壓迫生反抗,在政治上受盡壓迫的貧苦民眾,在忍無可忍之情況下,即使犧牲生命,也要起來反抗。

　　從作品中發現賴和是站在弱小者的立場,道盡這些貧困人們悲慘的生活,清楚呈現其不畏威權,不妥協的反抗精神。陳建忠《書寫臺灣・臺灣書寫:賴和的文學與思想研究》說:「賴和同情弱者與農工階級,但並不完全依照理論來理解或反映殖民地現實,因而這種階級意識與批判資本主義的思想可視為『素樸的左翼思想』……」。〔註37〕受時代氛圍影響的賴和,具有站在弱者的立場反映殖民地現實,為這些農工階級、無產階級批判資本主義的左翼思想。

　　在醫學校、渡廈之前,賴和同時接受傳統書房的漢文化教育與西方新式教育,正如上所述,賴和不但具有強烈的漢族意識、認同漢文化,更是擁有新思想、新文化的啟蒙者,此時賴和的文學思想為啟蒙、反殖民思想。自廈門返彗後,對祖國失望,以及參與臺灣新文化運動。由於更進一步與勞苦大眾接觸,深知這些受傳統封建地主與殖民統治者壓迫、欺凌的悲慘狀況。以臺灣民眾現實生活問題為中心,在思想上則為左翼思想。經過臺灣鄉土文學論戰與臺灣話文運動後,意識到民間文學與民間語言具有文化抗爭、對抗壓迫的意識,於是賴和贊同以臺灣話文來採集民間文學,達到消除文盲與文化保存之目的,此時的他是充滿民間性、臺灣性的本土主義思想。賴和思想的轉變主要是時代氛圍所造成,與時俱進的他是如何表現在文學作品上,在臺灣文學史上有何成就?將在下文中探討之。

〔註37〕 陳建忠,《書寫臺灣・臺灣書寫:賴和的文學與思想研究》(高雄:春暉,2004),頁 431。

二、賴和的文學地位與成就

　　在近代的政治政策的引導下，吸引許多大陸移民臺灣，而這些移民大多不識字的農民，因此談不上有什麼文學。滿清時期臺灣的文學，都是由宦遊人士或歌詠臺灣美景或宦遊生涯的述懷，很少反映臺灣本地人民的實際生活，如困苦艱辛的開墾之路，是游離大眾現實的宦遊文學。

　　日治時期，日本殖民者為了便於統治與剝削，積極推動臺灣社會現代化，欲使漢民族文化消失，使臺灣民眾逐漸被同化。於是開放了受教育的機會，讓臺灣一些易於妥協的封建社會上層階級，如地主、商人、富農的子弟受日本現代化教育。日治時期大部分的新知識分子，都是接受西方思想又具有濃厚的漢民族意識，賴和就是在這樣的背景下成長，所以他與傳統的知識份子同樣具有漢學教養且認同漢文化。但又與他們不同，是不受殖民者攏絡。與年輕一代知識分子同樣接受西方新式啟蒙教育，但與他們的啟蒙、左翼思想不同，因為賴和對漢學傳統的認知，使其並不因受日本殖民者教育而被同化，而輕視自己傳統的文化。

　　1920 年開始臺灣從武裝抗爭進入文化抵抗，新文化運動於焉開展。而其目的是以灌輸臺灣民眾新知識，革除陋習、文化革新，促進社會進步，最後達到反帝、反封建推翻日本殖民統治。而臺灣新文學運動是新文化運動的一環，從 1924 年末張我軍點燃了新舊文學論爭。歷經 1930 年臺灣鄉土文學論戰、1931 年臺灣話文論爭等 25 年，雖然確定了臺灣新文學寫作的內容、形式與目標，但真正把臺灣新文學精神，透過作品來傳達的是從賴和開始。

　　賴和用寫實主義的手法，將臺灣民眾被殖民、被欺凌、被壓迫的現實生活各個層面，如實的描寫出來，使臺灣文學不再是游離大眾現實的宦遊文學，而是反映民眾心聲的大眾文學。不但具有鄉／本土性格而且更具地方性色彩的臺灣新文學。楊守愚〈小說與懶雲〉一文中說：

> 第一個把白話文的真正價值具體地提示到大眾之前的，便是懶雲的
> 白話文學作品。在這一個文言文的世界中，以先人所以為淺薄粗
> 鄙的白話文為文學表現的工具；寫大人先輩們以為鄙野不文而唾棄
> 的小說，不能不說是一種大膽的、冒險性的嘗試，並且多少給予白
> 話陣營以自信，並煽起無數青年對於「小說」的熱烈愛好。〔註38〕

〔註38〕楊守愚著，明潭譯，〈小說與懶雲〉，《賴和研究資料彙編上》（彰化：彰縣文化，1994），頁 38～39。

《臺灣民報》原先沒有文藝欄，在經過新舊文學論戰及賴和發表白話文小說後，當時《臺灣民報》的編輯醒民（黃周），認為應該要有一個文藝欄提供作家們發表、討論的園地。但自身忙碌對文藝又沒把握，報社的財務不足，無法再聘請一位主持人。為了同時解決人才與經濟困塞的難題，只好將這個重責大任囑託賴和。

　　林邊〈忍看蒼生含辱——賴和的文學〉說：「日據時代的臺灣新文學一直到 1930 年都還處在奠基期的階段，發表的園地僅限於『臺灣民報』、『臺灣新民報』的學藝欄，就這一點看，賴和實為使臺灣新文學進入奠基期的開創者。」〔註 39〕賴和身為《臺灣民報》的學藝欄編輯，盡心盡力獎掖提攜後進如楊守愚、楊逵等，正如楊守愚〈小說與懶雲〉說：「賴懶雲是臺灣新文藝園地的開墾者，同時也是養育了臺灣小說界以達於成長的褓姆。」〔註 40〕。所以，賴和對於當時文壇的文學主流亦造成相當程度的影響。

　　賴和一方面是一位文化鬥士，參與臺灣文化協會。透過文化講演，提升民眾的視野，不再是活在封閉世界，聽由殖民者不合理的政治壓迫與經濟榨取。一方面由於與地下層人民接觸較多，對社會的黑暗和人民的痛苦有深刻的體會。於是將這些苦難的現實生活經驗，透過小說來表達，對群眾做一番思想的啟蒙。從 1925 年開始，臺灣新文學尚在草創時期，賴和於同年 7 月發表第一篇形式新穎的散文〈無題〉、1925 年 8 月發表第一篇新詩〈覺悟下的犧牲〉、1926 年 1 月發表第一篇小說〈鬥鬧熱〉，直到 1935 年 12 月發表了最後一篇小說〈一個同志的批信〉後，未再公開發表新文學作品。

　　葉石濤〈為什麼賴和先生是臺灣新文學之父？〉說：「賴和不但奠定了臺灣新文學的根基，更建立了全世界被壓迫的弱小民族文學的典範。」〔註 41〕賴和是一位充滿人道關懷的作家。他將所觀察到臺灣民眾在殖民統治、壓迫下的種種悲慘的現實生活，包括蔗農的奴隸生活、小市民的黯淡日子、佃農的痛苦掙扎，一一在其作品中呈現，表現不屈服、抵抗的精神。王錦江〈賴懶雲論——臺灣文壇人物論（四）〉一文說到應稱賴和為臺灣新文學的父親或母親。文中說到：

〔註 39〕林邊著，〈忍看蒼生含辱——賴和的文學〉，《賴和研究資料彙編上》（彰化：彰縣文化，1994），頁 75。

〔註 40〕楊守愚著，明潭譯，〈小說與懶雲〉，《賴和研究資料彙編上》（彰化：彰縣文化，1994），頁 41。

〔註 41〕葉石濤著，〈為什麼賴和先生是臺灣新文學之父？〉，李篤恭編，《磺溪一完人》（臺北：前衛出版社，1994），頁 53。

事實上，臺灣的新文學能有今日之隆盛，賴懶雲的貢獻很大。說他
是培育了臺灣新文學的父親或母親，恐怕更爲恰當。當年臺灣文藝
聯盟成立之時，他立即被公推爲聯盟的委員長。單從這件事來看，
就能知道他在臺灣文壇中是怎樣的一種存在了。當然，雖說還有許
多客觀的因素，但較諸日文作品的相當的進展，經過了十餘年的中
文作品中，還沒有多少能超過他的。〔註42〕

這也顯示賴和在當時的成就和地位。

第二節　「賴和」的文學重現歷程

　　林邊〈忍看蒼生含辱——賴和的文學〉指出：「要瞭解日據時代的臺灣文
學，當以了解賴和的文學爲始，因爲賴和可以說是一個先驅者、一個指引者。」
〔註43〕賴和的一生貫穿整個日治時期的殖民史，他的文學創作精神，爲臺灣
作家樹立了明確的典範。如此一位偉大的臺灣文壇領袖，卻因遭誣舉爲「左
派匪幹」〔註44〕被剔除移出忠烈祠。在有意識的政治氛圍下，遭受湮沒，致
使後代的年輕學子，竟不知賴和是誰，甚至有關臺灣過去所發生的歷史，也
知之甚少。

　　不過，是機緣？還是巧合？賴和再度回到臺灣文學場域，竟是如此戲劇
化。楊雲萍〈追憶賴和〉曾在台大醫院安慰，興起文學無力之嘆的賴和說：「等
過了三、五十年之後，我們還是一定會被後代人紀念起來的。」〔註45〕，這
樣的預言，還眞精準。賴和死後三十三年開始浮現在戰後臺灣，起因於 1976
年，梁景峰說：「賴和是誰？他活在什麼時代？他做了些什麼事？」，使賴和
再度受到知識份子的關注。1979 年三月李南衡首先將賴和部分作品整理成冊

〔註42〕 王錦江著，明潭譯，〈賴懶雲論——臺灣文壇人物論（四）〉，《賴和研究資料
　　　　彙編上》（彰化：彰縣文化，1994），頁 7。

〔註43〕 林邊（林載爵）著，〈忍看蒼生含辱——賴和的文學〉，《賴和研究資料彙編上》
　　　　（彰化：彰縣文化，1994）頁 104。

〔註44〕 居伯鈞著，〈內政部平反賴和先生一案經過——正氣長存，國家民族自有無限
　　　　希望〉（臺北：紀念賴和先生九十冥誕籌備會，1984），頁 22。根據居伯鈞指
　　　　出，1958 年賴和先生以及其他多人都與所謂的「臺共」有關。也請相關機關
　　　　查明，他們回報賴和先生是所謂的「左派」。根據這個報告，於是函臺灣省政
　　　　府轉知各有關忠烈祠分別撤除其牌位。

〔註45〕 楊雲萍著，明潭譯，〈追憶賴和〉，《賴和研究資料彙編上》（彰化：彰縣文化，
　　　　1994），頁 17。

出版《賴和先生全集》，遂掀起日治時期臺灣文學研究熱潮。四十年後，文化界多位有心人士的努力陳請、爭取，終獲平反，賴和再度入祀忠烈祠。五十年後，林瑞明的專著研究《臺灣文學與時代精神》一書出版。

　　賴和是位文學作家，他用椽筆記錄了臺灣歷史，如今欲重現「賴和」，〔註46〕也許以「文學創作」的方式應是較適宜的。所謂的文學重現「賴和」，包括「文學研究」重現與「文學創作」重現二種。「文學研究」重現可分為民間性研究與學術性研究。民間研究乃指人民方面的探知，含介紹性知識等。學術研究乃指從事專門知識的探討與研究。而文學創作是如何重現賴和呢？據筆者觀察，從時間的縱向來看可分為二，其一是日治時期賴和逝世後，許多賴和的文壇好友，發表悼念性的文章來回憶他。其二是戰後時期，創作新詩來追憶賴和。

　　賴和出出入入忠烈祠，足見在當時的政治氛圍下，從事賴和的考掘工作，似乎較為困難重重，究竟是何動機下，而興起研究者挖掘的興趣？透過他們不畏懼的努力，賴和得以重現在現今世人眼前，其重現歷程又是如何呢？是本節探究的重點。

一、史料研究

　　第二次世界大戰結束，日本戰敗宣布無條件投降後，臺灣回歸睽違五十年的中國政治版圖。係乃根據 1943 年 12 月 1 日中、美、英三國發表的《開羅會議》：「三國之宗旨，在剝奪日本從 1914 年第一次世界大戰開始以後，在太平洋上所奪得或佔領之一切島嶼，在使日本所竊取於中國之土地，例如東北四省、臺灣、澎湖群島，歸還中華民國。」〔註47〕國民黨政府設立臺灣省行政長官公署，特令陳儀為臺灣省行政長官。

　　陳儀在大陸因目睹受到日本領事館和臺灣總督府包庇的「臺灣呆狗」，受其庇護而盡做些不正當的勾當，如販毒、走私軍火等，於是烙下深刻的偏見印象。認為臺灣人受到日本的毒化思想與奴化教育，因此，在籌備接受臺灣時，便去函教育部長陳立夫示意接收臺灣後，要加強文化和教育工作，務必消除臺灣人受日人毒化、奴化的思想。身兼警備總司令的行政長官陳儀掌握行政、立法、司法三權，建設臺灣的施政重點為政治、經濟與文化三大行政

〔註46〕「賴和」，將賴和加上引號，係指他人以史料研究或文學創作所重現的賴和。
〔註47〕 薛化元編著，《臺灣地位關係文書》（台北：日創社文化，2007），頁47。

建設。因此，陳儀便在臺灣積極推行「中國化運動」的文教政策，其目的即在促使臺灣民眾對中國文化的認識與學習，對民族精神與民族主義的認知，以去除日本殖民化，發揚民族文化。

陳儀邀請許壽裳來臺擔任編譯館館長，希望許壽裳可以在五年內完成「心理改造」與「語言文字改造」的中國化文教政策。誠如徐秀慧《戰後初期（1945～1949）臺灣的文化場域與文學思潮》說：「許壽裳除了秉持陳儀「中國化」的民族精神和『現代化』的意識，還加入了『臺灣化』的內容。」〔註48〕他把「臺灣本位」與「中國本位」等同視之，來推動臺灣文化建設。

受陳儀之邀來臺擔任「國語推行委員會」的主委魏建功和副主委何容，把「閩南語」與「客家語」做為學習國語的媒介。以「臺灣本位」的語言為重建的工作，同時呼籲來臺的外省人也能主動的學習「臺灣話」，不以優越意識的歧視態度來強制推行國語運動，而是以交流的心態來促進兩岸文化的互動與交流。由於陳儀引進了這些人來推動文教政策，促使戰後初期的臺灣文學界也積極的「重刊舊作」，以較快速的方式，來恢復被戰火所切斷的文學傳統。於是重刊賴和、林幼春、楊逵、周定山等來讓臺灣人重新認識。

其中賴和是首先被提出來的作家，楊守愚在 1945 年光復慶祝後二日在蘇新主編的《政經報》中發表，賴和在獄中所寫之〈獄中日記〉，並寫序特別強調賴和反抗日本殖民統治的精神。陳建忠《書寫臺灣‧臺灣書寫：賴和的文學與思想研究》說：「楊雲萍在其主編的《民報》文藝欄『學林』上，亦重刊賴和的作品〈辱〉，並說明賴和先生不但對殘暴的日本帝國統治，從不妥協，還堅決反抗到底的精神是令人景仰敬佩。」〔註49〕由上述可知，賴和在戰後初期一再被重刊舊作，除了要恢復文學傳統之外，同時也要反駁來臺接收的官員，認為臺灣人的思想已被日本人奴化、毒化。希望藉由賴和文學抗議精神的特殊性來強化臺灣文學的特殊性，做為抵抗部分中國作家的歧視，認為臺灣無文學。

由於長官公署的部分官員，一直宣傳臺灣人受日本奴化教育，使省籍衝突日益惡化。加上其他政治、經濟上，諸多令臺灣民眾不滿的問題，終於在 1947 年 2 月爆發二二八事件。

〔註48〕 徐秀慧著，《戰後初期（1945～1949）臺灣的文化場域與文學思潮》（臺北縣：稻香，2007），頁 117。

〔註49〕 陳建忠著，《書寫臺灣‧臺灣書寫：賴和的文學與思想研究》（高雄：春暉，2004）頁 41。

　　之後，陳誠隨即在 1949 年 5 月 19 日在臺灣頒布戒嚴令。即是軍事統治，憲法所規定的人民基本自由人權，如集會、結社、出版、言論等各項自由皆受到嚴格的限制。1949 年底國民黨政府播遷入臺，以大中國的思考所施行的教育內容與價值體系。一昧地灌輸人民服從領袖，實踐「反共抗俄」的基本國策，導致臺灣人民國家認同、身分認同混淆而迷失。大中國的意識深植民心，完全沒有臺灣主體性的意識，更遑論臺灣歷史、文學等。一九五〇年代的白色恐怖，國民政府肅清異己，鞏固了統治的基礎。1947 年禁止日文使用，及在白色恐怖的時代氛圍下，許多臺灣鄉／本土作家幾乎銷聲匿跡，故此時期文壇的文學主流，是大陸來臺作家的懷鄉之作與反共的八股文學。

　　其次是加上韓戰爆發，美方對臺灣戰略價值的重視提高了，自 1951 年至 1965 年共十五年，提供各種經濟援助。1965 年美國停止對臺經濟援助後，日本的資本、技術與商品繼之進入臺灣，對臺灣的社會、經濟生活面造成相當大的影響。隨著社會經濟各方面皆依附西方的時代，文學藝術也全盤接受西方，如「筆會」介紹外國作家、批評和理論。夏濟安主編的「文學雜誌」除了一部份是回憶大陸的經驗為題材的文學外，另一部分內容則是介紹西方的思潮與作品。白先勇的「現代文學」是模仿西方文學的內容與形式技巧而創作。在一片西化潮流之下，「全盤西化」的現代主義文學，成為一九六〇年代的文學主流。

　　由於 1969 年起，美國尼克森政府準備與中國北京政府改善彼此關係，國際上越來越多開始考慮起接受中國北京政權，使得蔣氏政權唯一代表中國且繼承「中華民國」的合法政府，在聯合國的席位陷入空前危機。雖然美國不反對北京政權加入聯合國，同時也設法讓臺灣也能繼續留在聯合國。但當時因時局不利，蔣介石持著「漢賊不兩立」的態度，遂於 1971 年 10 月 25 日正式退出聯合國。加上國際上的變化「保衛釣魚臺事件」，促使年輕的知識分子，因參與自己民族命運的實際運動，從全盤接受西化，轉而關注自己的社會和自己的鄉土。

　　在這樣的思潮轉變下，臺灣作家也開始著手，去描寫當時臺灣社會現實生活實際問題。不再是專注於描繪內心晦暗世界，而是寫一個時代，一個社會。於是臺灣的鄉土文學論者，開始對現代主義的無根提出批判與反動，使得批判現實主義的臺灣文學再度被挖掘。其中以深具左翼色彩的《夏潮》雜誌最積極，大量重刊日治時期的臺灣作家作品，如賴和、葉榮鍾、王白淵、

吳濁流、呂赫若等。《夏潮》主編在刊出賴和的〈一桿秤仔〉作品時，寫了一段註解說：

> 賴和先生是臺灣史上一個重要人物。在政治方面，他是日本殖民統治下一位熱愛祖國的民族主義者；在文學方面，他是日據時代最早使用中國白話文從事創作的作家之一。他的作品技巧高超，內容深刻，強烈反應了日本帝國主義者在殖民地一切不合理的壓迫，「一桿秤仔」這篇文章，或許就可以說明這個事實。〔註50〕

《夏潮》的同仁王曉波〈臺灣新文學之父——賴和與他的思想〉一文指出：「在異族統治之下，賴和無刻不自覺為亡國奴的境遇，也無刻不悲憫自己的同胞。因此寄望於祖國的強大，以解救臺灣同胞於異族統治。」〔註51〕足見，王曉波雖稱賴和為「臺灣新文學之父」，但他認為賴和一位深具祖國意識與中國意識的臺灣作家。

　　臺灣人經過戒嚴時期，因歷史的失憶症，而不瞭解臺灣文學，不知臺灣有文學，該如何喚醒臺灣民眾的記憶？在戰後初期，歡欣鼓舞的回到祖國懷抱，以為從此以後可以享受，日治時期以來未曾擁有的言論自由。於是，以最快速的方式「重刊舊作」來銜接曾斷裂的新文學裂縫。所以，賴和便首先被提出來讓臺灣人重新認識的作家。但因一九五○年代到一九六○年代的臺灣，處於白色恐怖時期，賴和又被移出忠烈祠，在大中國的意識下，言論、思想受禁錮的年代，賴和再度湮沒、銷聲匿跡於煙塵之中。正如蕭蕭《賴和先生平反紀念集》說：「賴和當時因涉及『思想問題』無人敢申辯而被逐出忠烈祠，直到1976年九月一日出版的『夏潮』雜誌重刊賴先生的『不如意的過年』、『前進』、『南國哀歌』及梁景峰的『賴和是誰？』一文。」，〔註52〕賴和才重新在臺灣被人提及，引起廣泛的注意和討論。學術研究者與民間有心人士，便開始考掘賴和的作品與相關史料，使得賴和的研究一時蔚為風潮。分述如下：

　　其一是1979年3月，李南衡先生主編的《日據下臺灣新文學》五巨冊出版，第一冊為《賴和先生全集》。最後一部分收錄了十五篇紀念和介紹的文章，其中僅有四篇是在1958年以後寫的，也就是在賴和被逐出忠烈祠之後，只有

〔註50〕《夏潮》2卷第3期（1977.03），頁69。
〔註51〕王曉波著，《被顛倒的臺灣歷史》（臺北：帕米爾書店，1996），頁148。
〔註52〕蕭蕭等著，《賴和先生平反紀念集》（臺北：紀念賴和先生九十冥誕籌備會，1984），頁4。

四個人為文討論賴和。甚至,有關單位要查禁這部書,如王曉波〈臺灣新文學之父賴和先生平反的經過〉說:「幸有鄭學稼仗義執言,在 1979 年 5 月出版的『中華雜誌』發表了一篇『李編日據下臺灣新文學讀後』,才能免於被查禁的命運。」〔註 53〕可見,在戒嚴時期,研究賴和與發掘賴和史料,是困難重重,有其時代的壓力。

其二是,林瑞明亦投注十年的心血,集中研究賴和在臺灣政治史和文學史上的角色地位。在賴和百年冥誕前夕,即 1993 年 8 月終於完成二十餘萬言的專書《臺灣文學與時代精神:賴和研究論集》。在如此漫長的歲月,他卻能如此執著於研究賴和都沒動搖,尤其在那尚屬於白色恐怖的時代,敢於觸探思想的禁區,顯示其知識份子的膽識與毅力,使得賴和得以穿越百年孤寂,在自己的土地上終於傳來回音。

其三是,阮剛猛〈礦溪文風‧薪傳之火〉說:「要衡量一個地區的文化水準和居民氣質,文學的發展情形是一個重要指標。」〔註 54〕於是,由賴和的長孫賴悅顏倡議,賴和紀念館的執行祕書楊玉君負責收集文章和聯絡作者,不辭辛勞的編輯了《賴和研究資料彙編》上、下二冊,再由彰化文化中心於1994 年出版。

其四是,在臺灣新文學之父賴和百年冥誕時,出版紀念集《礦溪一完人》,由李篤恭編輯。他秉持史實來取材,非參考足夠資料來撰寫的學院派正史,是意圖以回憶的事實加上懷念的感性,將賴和先生的「人間像」,做人呈現出來的外史。

其五是,《賴和與八卦山》是康原帶民生國小四年五班學生做一趟「尋找老彰化」,介紹八卦山的歷史與彰化的開發史、以及臺灣新文學之父賴和文學作品的特色與他在八卦山活動的情形。

筆者將上述蒐集到的資料加以爬梳,將史料研究依李篤恭所言是否為回憶的事實加上懷念的感性,而區分為民間性研究:《礦溪一完人》、《賴和研究資料彙編》上、下二冊、《賴和與八卦山》。學述性研究:《賴和先生全集》、《臺灣文學與時代精神:賴和研究論集》二類。茲分述如下:

〔註 53〕 蕭蕭等著,《賴和先生平反紀念集》(臺北:紀念賴和先生九十冥誕籌備會,1984),頁 7。

〔註 54〕 阮剛猛著,〈礦溪文風‧薪傳之火〉,《賴和研究資料彙編上》(彰化:彰縣文化,1994),序 (未標明頁數)。

（一）民間性研究

1. 李篤恭編輯，《磺溪一完人》（臺北：前衛出版社，1994）

李篤恭《磺溪一完人》說，四十幾年的史禁害得史料散失很多，蒐羅不易，但爲了將賴和先生的「人間像」呈現出來，也爲了使現今的年輕人認識臺灣先賢們，能夠體悟先賢們那拼命、奮鬥、犧牲的精神與實踐的意義。資料蒐集過程雖然困難，但仍透過相關管道，雖無法完整呈現歷史，但較大事件的史實都能留下。首先是尋找先賢的後代及其朋友同志，以口述或撰寫賴和以及當時的時代背景。其次是向臺灣的文士發出邀請函，但仍不免疏漏，最後是到日本去尋覓。〔註55〕文章內容如下表所列：

表 2-1：李篤恭《磺溪一完人》中相關史料研究

作 者	篇 名	內 容
王昶雄	打頭陣的賴和——哲人「走得其時」	賴和是滔滔濁世中的一股清流、一顆臺灣人的良心。他以醫術救治人的肉體，又以文學安慰人的靈魂。「死得其時」做爲一個漢民族的遺民，啓蒙思想者的賴和，經過一番悔恨和掙扎，說不定一面胸懷鄉土，一面放眼世界，從新民族的角度來指望一個理想國。
鍾肇政	談賴和	賴和屬於臺灣文化、臺灣文學的先驅型典型人物，有「臺灣文學之父」美譽。文中介紹賴和（客裔）的生平、抗爭事蹟與文學創作的成就，盡了做一個「靈魂工程師」職責，也爲臺灣的小說創作樹立了嚴謹的寫實傳統。他，賴和，確實是臺灣二千萬居民的驕傲。
賴洝（賴和先生哲嗣）	憶父親	記述父親懸壺濟世、慈悲爲懷；對子女教育的關心、肩負全家生活重擔；提拔後進之新文學運動者、支援啓蒙民眾的文化協會社會運動以及幫助政治受難家族等，是先父對子女做了最好的身教。
葉石濤	爲什麼賴和先生是臺灣新文學之父？	賴和的文學充分表現了臺灣新文學的反帝、反封建的民族風格，反映了殖民地人民生活的困苦——在政治經濟、壓迫下的痛苦呻吟，同時又批判殖民統治者的缺陷和殘暴，指出反壓榨、反欺凌、積極抗議和控訴的一條途徑，因此他奠定了臺灣新文學的基石，建立了全世界被壓迫的弱小民族文學的典範。
錦連	賴和先生作品試讀——〈一桿稱仔〉	此篇雖是賴和的最初作品，不但技巧熟練、思想成熟、觀察力敏銳，而且貫穿全篇的主脈就是強烈的人道主義及關懷弱勢族群和勞苦大眾的社會正義。
陳芳明	百年孤寂的賴和——「危樓夜談」之一	一個作家在兩個政權（遭致日警無端誣告監禁、被國民政府視爲匪類，而被逐出忠烈祠）的羞辱扭曲之下，他的靈魂竟然還獲得民眾景仰，足見文學力量勝過政治干涉。林瑞明的專著，無疑是賴和的隔代知音，穿越過百年的孤寂，在自己的土地上終於傳來回聲。

〔註55〕李篤恭編者，《磺溪一完人》（臺北：前衛出版，1994），頁13。

利玉芳	讀賴和先生詩作——低氣壓的山頂	這一首詩，一方面為困頓的現實社會痛心疾首，一方面又期盼未來社會的美景，既想救世又希望毀世的矛盾心理。可見賴和先生那個年代的知識份子，站在叛逆立場，活著與思緒掙扎是很痛苦，然而從此詩隱約可讀出賴和先生超乎常人的高尚情操。
張彥勳	賴和弱者的代言人兼談〈訴訟的人的故事〉	賴和中其一生，雖然僅作了二十篇小說，但他的小說題材之廣泛，觸及到現實的多面化：如農民、小販、庶民的生存、人權被摧殘與經濟被搾取等問題，無一不站在被壓迫的一方，為被凌辱的弱者伸張正義，可以說，他是弱者的代言人。
陳明台	人的確認——試論賴和的人本意識	賴和的作品，可說是一種對於人的關懷，對弱者不平的憐憫，對於暴虐以及強制的抵抗。透過「文學實踐」，他時時在歷史的陰影與渦流中，回顧「個人」的存在，因此賴和的作品，具備人性維護的特質與特殊的時代意義。
莫渝	獨立在狂飆之中——談賴和四首敘事詩	〈覺悟下的犧牲〉、〈流離曲〉、〈南國哀歌〉、〈低氣壓的山頂——八卦山〉這四首新詩，篇幅很長，堪稱敘事詩，在整個臺灣新詩史，具有歷史事件見證者的記錄者、農民文學與弱勢群體呼聲的代表作等特殊意義和評價。
賴志揚（賴和先生令姪）	我的救命恩人——賴和	那時我才三歲大，卻染上了肺癆，也就是胸腔積膿，遍訪名醫皆無起色，幸二伯（賴和）出獄，親為診治，救了小命，但幾個月後二伯就撒手人寰，所以如果沒有賴和也就沒有今天的我。
王鋅卿（王敏川先生四公子）	彰化三枝柱	居住在從北門口到市仔尾的施至善、王敏川、賴和三人，後來被人稱呼為「彰化三枝柱」，這是一樁史書沒有寫的史實。賴和經常自任為左右的仲介人，成了左派文化協會的一份子，同時也參加了「臺灣民眾黨」得一份子，意圖溝通而結合左右兩邊之互相協助，以抵抗強大的日人支配者。人人深知賴和的用心良苦，而不曾有人說他在左右逢源。
李篤恭	懷念先師和仔仙	他看來是一位「白面書生」，一旦和志士談論問題，立即蛻變為一位堅毅勇敢的鬥士，日本統治者尊敬他，也畏懼他。但這位強人秉著正義真理永遠不屈服，日本當局不得不抓這個眼中釘，賴和志士成了在彰化日治時代位同胞坐牢的最後一批志士的一位。
李篤恭	磺溪一完人——憶念先賢賴和先生	在異族殖民統治的困難時代，賴和這個人是民眾的精神寄託。和仔仙是慈悲的化身、是一位天生的詩人，以開明而銳利的眼光領悟了「全民文學」的意義，擔起了臺灣文學的「革命」而率先用白話文而適當地用了臺語的文體寫了第一部小說《鬥鬧熱》。賴和的文學乃是勇者文學，賴和是尼采哲學中的「超人」。
李魁賢	賴和詩中的反抗精神	賴和以詩表示民眾的心聲，為同胞灌輸堅強的意志力，充分顯示了以賴和為典型的先輩的反抗精神，給臺灣詩文學立下了輝煌的紀念碑，樹立傳統的風格和美德。

2. 賴和紀念館編，《賴和研究資料彙編》上、下二冊（彰化：彰化縣立文化中心，1994）

收在《賴和研究資料彙編》的文章，反映出不同階段對於賴和及其文學的不同認知，也可以看到臺灣左右統獨各派對於賴和及其所代

> 表的臺灣文學之詮釋，希望在這樣的基礎上，大家再來「發現賴和」，
> 只有從各個不同的觀點切入、檢證、思索，我們才會發現在波濤壯
> 闊的歷史洪流中，賴和是臺灣具體而微的象徵。〔註56〕

　　臺灣文學的斷層透過許多有心人士的努力，已不斷的彌補。賴和紀念館執行祕書楊玉君不辭辛勞負責收集文章和聯絡作家，而編輯了《賴和研究資料彙編》上、下二冊。使得賴和及其不朽的精神，又復活回到臺灣文壇，再度喚醒被後生晚輩所「遺忘」的。《賴和研究資料彙編》上、下二冊編排方式，是依其文章創作時間先後順序。筆者發現1954年一剛（即王詩琅）發表〈懶雲做城隍〉後，一直到1976年才有梁德民（即梁景峰）發表〈賴和是誰？〉，這中間近二十年竟沒有人討論賴和或介紹賴和，也就是賴和自1958年被移出忠烈祠之後，賴和就被湮沒於歷史洪流中，反映出白色恐怖時期，討論賴和被視為一種禁忌。其文章內容如下表所列：

表2-2：賴和紀念館編《賴和研究資料彙編》上、下二冊中相關史料研究

作　者	篇名	內容	備註
毓文（廖漢臣）	甫三先生——諸同好者的面影之一	賴和先生，肥胖的身材，圓圓臉兒、慈祥的眼睛、柔弱的口髯，好像「火燒紅蓮寺」裡的智圓和尚的另一個模型兒一樣，差的是智圓和尚性格鄙陋，他的人格高尚而已，親過他的儀表後，越加景仰他仁德過人。	發表日期1934年12月18日於「臺灣文藝」二卷一號
王錦江	賴懶雲論——臺灣文壇人物論（四）	事實上，臺灣新文學能有今日之隆盛，賴懶雲的貢獻很大。說他是培育了臺灣新文學的父親或母親，恐怕更為恰當。他相信階級問題的必然性，也同情窮苦的階級，但是他決不躍身其中，去領導運動。俠義的正義感，才是他的思想的真面目。	發表日期1936年8月於「臺灣時報」201號
楊雲萍	追憶賴和	最後一次見到他是在臺北帝大附設醫院（今臺大附屬醫院）的一個病房裡。賴和先生突然高聲說：我們所從事的新文學運動，等於白做了！我慌忙安慰他：不，等過了三、五十年之後，我們還是會被後代的人紀念起來的。	發表日期1943年4月5日於「民俗臺灣」三卷四號
楊逵	憶賴和先生	一向膽怯倍於常人的、神經質的我，卻在先生面前變得毫不覷腆、拘束，實在是很不可思議的事。對於名字中的「貴」字頗為厭惡的我，在當時，先生親切為我潤改文章時，將我隨意簽寫的楊達名字上，更改為楊逵，先生因而成了我的命名之父。	發表日期1943年4月28日於「臺灣文學」三卷二號

〔註56〕林瑞明著，〈永遠的賴和——《賴和研究資料彙編》序〉，《賴和研究資料彙編上》（彰化：彰縣文化，1994），未標明頁數。

朱石峰 （常用筆名朱點人）	回憶懶雲先生	他的作品鼓動了我們的心，而拜訪先生以求教時，先生卻出乎意外地、懇切地教導我們創作的方法，我們能於往後中有幾篇作品問世，先生居功甚大。文學作品是人生的一面鏡子。我想懶雲先生的作品將永遠輝耀於臺灣文學史上。	發表日期1943年4月28日於「臺灣文學」三卷二號
楊守愚	小說與懶雲	描述賴和首次成功嘗試發表白話文小說，給予白話文陣營以自信，並煽起了無數青年對於「小說」的熱烈的愛好。同時述及賴和在主持民報文藝欄當時的苦心和熱意。	發表日期1943年4月28日於「臺灣文學」三卷二號
一剛 （王詩琅）	懶雲做城隍	賴和的墓草經常被人當做藥用，還傳他已做了高雄的「城隍爺」，彰化市近鄉的神棍，並且利用他，廟裡的乩童「舉」這「和仔先」的乩，大醫人病，大賺其錢。	發表日期1954年8月20日於臺北文物季刊三卷二期
梁德民 （原名梁景峰）	賴和是誰？	賴和是誰？他活在什麼時代？他做了些什麼？這些問題在今天的知識裡，可能是很陌生的問題。但如果不去追問、查明，等曾經活在那個時代的人相繼仙逝後，就難以追查歷史真相了。所以作者以冷靜的、不帶「鄉土情緒」地探求他的生平與作品。	1976年7月於臺北
賴恒顏	我的祖父懶雲先生	祖父的漢文基礎就是在「小逸堂」接受黃倬其先生的指導下奠定的。祖父前後有九個孩子，但只有兩男兩女成長，身為醫生這是很殘酷的打擊。他悲天憫人的胸襟，不僅表現在他的行醫上，在許多的著作上，他也為弱者打抱不平。祖父受人懷念、尊敬，自有他的偉大之處，雖曾進出忠烈祠，但無損我對他的敬愛。	作於1978年11月8日
葉榮鐘	詩醫賴懶雲	賴和去廈門博愛醫院服務，不是出自己意願，結果也不甚得意。賴和的詩名不如小說響亮，所以他在臺灣的文學界是以小說家出名，而不是以詩人見稱。他在臺北監獄釋放時留了兩撇髭鬚，聊與少年別。	未完遺作（1978歿）
林邊 （本名林載爵）	忍看蒼生含辱——賴和的文學	1895年日本佔領臺灣，日本對臺灣施行資本主義改造與確立殖民體制的統治「法律」，生活在中原文化傳統中的臺灣民眾，政治上受到壓迫，經濟上受榨取，在這樣的歷史條件下，賴和以冷靜的思考，注視著臺灣的苦難與社會現實，以不屈服的意志，奮鬥不懈，為臺灣作家樹立典範。	
王曉波	臺灣新文學之父——賴和與他的思想	賴和博施濟世之人格，實由其思想而來，就是同情弱者的仗義的正義感。他的文學是醫治被日帝創傷的臺灣民眾的心靈，和抗議異族統治的殘暴，而他的醫術則是治療日帝壓迫下的臺灣百姓的身體。賴和的一生和思想是與日本對臺的殖民統治戚戚相關的，了解日本帝國主義的本質，才能了解賴和思想的意義。	1979年4月7日於臺灣時報

彭瑞金	開拓臺灣新文學的──賴和	賴和一生只用漢文寫作,絕不用日文。早期有些作品曾先用文言文起草再改寫成白話文,可見他對推動白話文運動所付出的苦心。除了小說佔其作品之大宗外,賴和的創作還兼及新詩、隨筆、評論和舊體詩。賴和一生的奮鬥是替臺灣新文學運動樹立起反抗暴力壓迫的旗幟,也啓示了臺灣小說所應走的方向,奠定臺灣新文學發展的基礎。	
花村 (原名黃春秀)	從舊詩詞起家的臺灣新文學之父──賴和	他學問知識的啓迪與吸收,一直是雙頭並進的兼取中國傳統和新時代的新文明。他由舊詩詞起家轉入小說、新詩的陣營,所以賴和先生的舊詩詞應該不是舊文學,而是新文學。	
陳明台	人的確認──試論賴和的人本意識	與《磺溪一完人》重複	
施淑 (本名施淑女)	秤仔與秤錘論──賴和小說的思想性	賴和的思想與藝術放在世界文學史上,以反抗資本帝國主義和殖民主義爲領導思想而掘起的來看,做爲臺灣現代小說起點的賴和,他的思想和藝術實踐上,與同一歷史階段的中國大陸作家之同屬世界新興文學支流。	
高天生	覺悟下的犧牲──賴和醫師的文學生涯	賴和的創作,深刻揭露了日本殖民體制下臺灣人民所受到的政治、經濟雙重壓迫,一方面則是因爲他筆下所流露堅強戰鬥意志和一貫的不妥協、不屈服的反抗精神,深觸時忌。從某個角度看,賴和的從事文學創作,正也是一種覺悟下的犧牲。	
黃武忠	日據下的小民悲歌──賴和新文學作品試論	1895 年,日本據臺之後,臺灣淪爲殖民地,隨而來的是一連串的武力壓制,經濟搾取與文化侵略。面臨著強權的掠奪壓抑,與自由的喪失,有志之士遂群起而抗日,先是以武力反抗失敗後,繼之以非武力的文化運動來啓發民智、爭取民權及生存尊嚴,而賴和認同新文學並付諸行動,用白話文寫作小說,使他成爲臺灣新文學園地的開墾者。	1983 年 10 月輯入「文藝的滋味」自立晚報社出版
汪景壽	臺灣小說作家論	賴和以平民作家的形象享譽臺灣文壇,不僅表現在外貌方面,更重要的是他具有崇高醫德的醫生,是爲人民代言的作家,還是站在時代前列的志士仁人。他的小說則通過具體的藝術形象,熱情歌誦奮鬥中的弱者。賴和繼承我國小說傳統表現方法和技巧,抒情狀物,塑造人物形象,使之具有藝術魅力。	作於 1983 年夏
黃得時	臺灣新文學播種者──賴和	賴和所寫的小說只有十四篇而已,爲什麼大家都那麼器重他?這是由於他在臺灣是以白話文寫作最早的作家,帶動了其後臺灣文學運動長足進步與發展,如臺灣新文學運動是由賴氏「打下第一鋤,撒下第一粒種籽」(守愚語),結成了美好的果實。	1984 年 4 月 4 ～5 日於聯合報

林荊南	忠烈祠裡的大文豪——賴和先生	賴和忠於國家、忠於民族，也留下不朽的文學創作，最後在獄中生病，憂憤而亡，說他是今之屈原是夠資格的。從文學上看賴和先生的作品，無論小說、新詩、舊詩都是反奴役、反迫害、反貪污、具有濃厚的鄉土色彩，被視為最突出的抗日文學。	1984 年 3 月 26 日
王燈岸	懶雲，賴和先生讓我們永遠追懷您！	從賴和作品中可以了解他的思想和精神，那就是：民族主義的精神、人道主義的精神、改革創造的精神。賴和懷有創新的人生觀，和崇高的政治理想的非凡思想家，對他無比的景仰。	1984 年 2 月 28 日
陳永興	賴和先生，您在何方？一個臺灣學醫青年的反省	接觸到賴和先生的事蹟，帶給我甚大的衝擊。讓燃燒的熱情化成了沛然的力量，讓我的心靈掙扎昇華和解脫，讓我的理想和現實能夠調和，讓我融和了醫學與文學，讓我實踐社會服務和文化啓蒙，讓我默默從事社會改革和政治參與，讓我關懷不幸的同胞，您的精神活在後人身上，浩然長存。	1984 年 3 月 15 日
葉寄民（筆名葉笛）	不死的野草——臺灣新文學的奶母賴和	賴和的文學是「人的文學」，有血有淚的，極富人道主義的抵抗文學。他是一株「不死的野草」，他可以說是以其生死的奶汁餵養臺灣新文學，餵養了臺灣人在帝國主義的魔掌鐵蹄下，爭取屬於人應有的尊嚴和自由的堅韌不拔的精神。	
張恆豪	臺灣新文學之父——賴和	賴和是臺灣新文學運動的先驅者、引導者。是一位具有強烈參與感的文學人物，也是位知行合一的智識份子，不僅被人公認為一代仁醫，也被尊稱為臺灣新文學之父。	
李魁賢	賴和詩中的反抗精神	與《礦溪一完人》重複	
葉石濤	為什麼賴和先生是臺灣新文之父？	與《礦溪一完人》重複	1985 年 6 月蒐於《沒有土地，哪有文學？》
包恒新	臺灣現代文學的先驅者——賴和	賴和是一個徹底的不妥協的文化戰士，為臺灣人民的抗日事業奮鬥一生的有強烈愛國心的作家。在臺灣現代文學運動史上，賴和有臺灣的「魯迅」之稱。他最突出的文學成就，是在小說方面。他的小說在藝術上注重寫實精神，為臺灣鄉土文學奠定了內容、方法、風格的基礎，我們可以說賴和是臺灣現代文學的先驅者。	中國學者
林衡哲	臺灣現代文學之父——賴和	描述賴和在文學方面對臺灣的影響與貢獻。他的人道主義、抗議精神、改革思想形成了一九三〇年代所有臺灣文學作家，共同的主題與精神，成為近代臺灣文學史上，最光輝不朽的傳統。	1988 年 8 月 15 日載於《雕出臺灣文化之夢林衡哲——選集》

古繼堂	「臺灣的魯迅」──賴和	賴和是文壇多面手，既是詩人，又是小說家，也是散文家。他是個偉大的現實主義作家，以「民眾的先鋒、社會改造運動的喇叭手」自譽。賴和作品藝術的成就：卓越的諷刺藝術、悲喜對比強化藝術效果、樹立了正面形象的功碑。臺灣新文學的扎根應當從賴和肇始，而賴和的崛起才奠定了現代臺灣文學的基礎。	中國學者
林瑞明	賴和的文學及其精神	賴和在臺灣新文學的發展過程中，摸索出一條以中國白話文的基調，但儘量容納臺灣方言的表現方式，呈現出鄉土的特色。賴和站在臺灣人的立場，堅持反抗的精神，正是臺灣文學中最可貴的精神。	
粟多桂	臺灣抵抗作家的一面光輝旗幟──賴和	賴和從小受到時代的薰陶和感染，具有強烈的民族情感和愛國精神，是臺灣新文學的播種者，臺灣鄉土文學之父，抵抗文學的急先鋒。是臺灣抗日文學的一面光輝旗幟，一位具有才華和勇氣的抗日愛國作家的領袖。	中國學者
康原（本名康丁原）	臺灣新文學之父──賴和先生小傳	賴和強調文學作品必須具備臺灣色彩，所以表達的語言強調臺灣語氣。將「叛逆」視爲是一種德性，自然寫出強烈的抵抗精神。賴和認爲「文學是社會的縮影」，所以冷靜的態度來塑造小說人物，表達社會現象。賴和是臺灣精神的啓蒙者，樹立永不屈服的「臺灣魂」形象。	
呂興忠	賴和小說的技巧與思想	賴和善用多視角的觀點技巧，以寫實手法來描繪當時社會的不公不義。他的小說大量出現臺灣話文，面對臺灣鄉土田園，他的感情卻是一往情深。	
黃重添	臺灣新文學的「奶母」──賴和	賴和的創作表現出強烈的反對殖民統治、反對逃避現實的世態，具有崇高而堅毅的精神，爲臺灣新文學開拓了發展的前景。賴和用白話文創作，堅持現實主義的寫實精神與手法，啓示了此後臺灣小說應走的寫實主義道路。	中國學者
陳芳明	百年孤寂的賴和	與《磺溪一完人》重複	

3. 康原著，《賴和與八卦山》（臺北：中華兒童叢書，2001）

> 彰化古早叫半線／東旁一粒八卦山／山頂樹木青綠綠／一仙大佛坐婷婷／每年飛過南路鷹／不幸一萬死九千／古早時劉國軒入頭兵／清潮時林爽文、陳周全、施九緞、戴萬生／夯火砲上山頭來反清／日本人歹心幸／鴨霸兼無情／磺溪和仔先反日走代先／戰後大佛前／有人賣番麥削甘蔗／兼賣糊仔冰／細漢時／阮尚愛惦佛祖前／下願迌迌佮買冰〔註57〕

〔註57〕 康原著，《賴和與八卦山》（臺北：中華兒童叢書，2001），頁38～39。

康原所寫的這一首〈八卦山〉的詩，記錄了彰化的歷史、地理與人文的敘事詩。介紹了候鳥棲息八卦山被抓被宰、清朝民變、賴和反抗日本、臺灣戰後佛前的情景及作者拜神、玩耍的事。康原對推廣臺灣文學向下扎根不遺餘力，時常帶領小學生介紹彰化的文學、歷史等。對彰化文學作家尤其是賴和，除了親身帶領孩子走訪，還出版書籍加以推廣，期望新一代的莘莘學子，不忘身爲臺灣人，不可不知臺灣事。

《賴和與八卦山》一書主要描述，康原帶民生國小四年五班學生做一趟「尋找老彰化」，介紹八卦山的歷史與彰化的開發史、以及臺灣新文學之父賴和文學作品的特色與他在八卦山活動的情形。從彰化八卦山下，沿途一一介紹與賴和活動相關的地景。首先是《彰化縣志》記載有四口古井，現僅存紅毛井依舊靜躺在山腳下供人憑弔。賴和在日治時期就曾描寫一首〈紅毛井〉的詩：「紅毛去久矣，留得井一眼。市上水自來，抱甕人不見。木葉封井欄，泉味亦遂變。至今護井神，冷落香煙斷。」〔註 58〕日治時期的大正四年彰化市開始使用自來水，到紅毛井取水的人稀少了，據說水質也隨之改變，就連井旁的土地神也甚少人前往祭拜了。接受日本的現代化改善了當地居民的衛生，卻也沖淡了對於過往歷史的記憶。

其次，介紹太極亭，右前方樹立著賴和的詩碑，碑文上的〈讀臺灣通史十首之七〉：「旗中黃虎尚如生，國建共和怎不成。天與臺灣原獨立，我疑記載欠分明。」。〔註 59〕賴和不願被日本人統治，希望臺灣可以獨立自主，對臺灣前途的思考表現在漢詩創作裡。緊接著介紹八卦山是軍事重地，曾發生過幾次戰役，其中與賴和的祖父賴知關係深厚的戰役，是 1862 年～1863 年所發生的戴潮春反清起義事件。戴潮春起義失敗，賴知遭受牽連家產遭致查封而淪爲貧民。之後，其祖父與父親從事道士漸漸改善家計，使賴和得以接受教育。相對的，正因其祖父與父親從事道士，使賴和從小在家庭耳濡目染之下，特別關心窮苦百姓的生活。他寫一首〈月琴走唱〉：「月琴叮噹響，臨風韻更清。曲哀心欲碎，調急耳頻傾。仙侶梁山泊，豪傑戴萬生。悠悠少兒女，隔世亦知名。」〔註 60〕可見戴潮春的起義事件，深深影響著賴和往後反抗殖民統治者的抗議精神。

〔註 58〕 康原著，《賴和與八卦山》（臺北：中華兒童叢書，2001），頁 8。

〔註 59〕 康原著，《賴和與八卦山》（臺北：中華兒童叢書，2001），頁 19。

〔註 60〕 康原著，《賴和與八卦山》（臺北：中華兒童叢書，2001），頁 35～36。

最後，介紹乙未紀念公園的由來。1895 年的 8 月 28 日，日軍以一萬五千餘人，兵分三路，進攻兵力人只有三千六百人守軍的八卦山，守軍不敵戰死，彰化城相繼淪陷，爲了悼念戰死的軍民，遂建這座「乙未紀念公園」。之後，一些知識份子發現使用武力是無法對抗日本統治者，就採用文化抗爭。1921年在蔣渭水的策動下，臺灣文化協會成立，賴和擔任文化協會的理事，除此之外，賴和還用接近臺灣社會的語言來寫文章以喚醒臺灣民眾，所以才被後人尊稱爲臺灣新文學之父。

透過這些史料的研究，對現代的我們，欲瞭解先賢們如賴和輝煌成就，甚有助益。

（二）學術性研究

正如上述，古繼堂在〈「臺灣的魯迅」──賴和〉一文中曾說：「臺灣新文學的扎根應當從賴和肇始，而賴和的崛起才奠定了現代臺灣文學的基礎。」〔註 61〕賴和爲何被崛起，何時再度重現世人眼前？臺灣年輕一輩有意識的知識份子，如何被喚醒記憶，而引發一股討論與研究的旋風？

賴和是日治時期抗日仁醫，且被尊稱爲臺灣新文學之父。故臺灣光復後由地方提議，報請中央表揚，而獲政府褒揚。在 1951 年 4 月 14 日內政部長余井塘曾發正式褒揚令，字號爲臺內民字第七五七六，彰化縣即依此褒揚令將賴和入祀忠烈祠。孰知賴和被戴上紅帽子，以「反日思想激烈，屬於左派」於 1958 年被撤除其牌位逐出忠烈祠。在當時時代氛圍下，賴和因涉及「思想問題」無人敢於申辯。於是賴和湮沒於歷史洪流中，被後生晚輩遺忘，造成臺灣文學的斷層。

直到 1976 年 9 月 1 日出版的《夏潮》雜誌，重刊賴和先生的文學作品〈不如意的過年〉、〈前進〉、〈南國哀歌〉，梁德民（梁景峰）的〈賴和是誰？〉賴和先生才重新在臺灣被人提及，引起注意和討論。但賴和之所以得以平反，再度引發熱烈的討論與重視，就如王曉波〈臺灣新文學之父賴和先生平反的經過〉說：「最大的功勞除了內政部的開明、鍥而不捨的侯立朝先生之外，就是出版《賴和先生全集》的李南衡先生。」〔註 62〕可見，李南衡先生出版的

〔註61〕 古繼堂著，〈「臺灣的魯迅」──賴和〉，《賴和研究資料彙編下》（彰化：彰縣文化，1994），頁 411。

〔註62〕 蕭蕭等著，《賴和先生平反紀念集》（臺北：紀念賴和先生九十冥誕籌備會，1984），頁 17。

《賴和先生全集》，提供重要資料予內政部查核，促使賴和得以平反，其居功厥偉。誠如林荊南，〈忠烈祠裡的大文豪——賴和先生〉所說：

> 賴和先生還有偉大的文學成就，受文藝界尊爲「臺灣新文學之父」，
> 這是跟著「毀令撤牌」的冤案所形成的，所謂「鼓不打不響」，就是
> 這個道理。各界人士爲著平反冤案，對賴和的生平和文學創作，積
> 極的作公正的探討，於是發現這位醫生文士是一位世界性的大文
> 豪。這個發現應該歸功於《賴和先生全集》的問世，其他如王詩琅
> 的〈日據下臺灣新文學的生成及發展〉代序、毓文的〈甫三先生〉、
> 王錦江的〈賴懶雲論〉、楊雲萍的〈追憶賴和〉、楊逵的〈憶懶雲先
> 生〉、楊守愚〈小說與懶雲〉、林邊〈忍看蒼生含辱——賴和先生〉、
> 李南衡的〈日據下臺灣新文學明集編後記〉等富有歷史性的珍貴資
> 料，這些資料提供了「平反」的見證，其中李南衡先生應居首功。
> 〔註63〕

在戒嚴時期、賴和未平反之前，賴和幾乎不被提及，更何況出版《賴和先生全集》，這是需要多大勇氣和多麼強烈的正義感，才能使命必達。因此，究竟是何動機促使李南衡不畏壓力與困難，甘願花光積蓄也要出版？據李南衡自述，他因工作的關係，得以在國外接觸到戒嚴時期無法接觸的書，如巴金研究、魯迅研究等作品，他反思臺灣是否也有這樣的作家，可供閱讀與研究呢？遂引發他想爲臺灣文學留下資料的動機。

於是他陸續拜訪因其創辦《兒童雜誌》而結識的王詩琅、葉榮鐘、楊逵、廖漢臣等當時重要的作家，這些前輩們一致指出，日據下臺灣新文學的重心非賴和莫屬，於是他更加確認自己戮力的方向。但因在當時的時代仍是處於戒嚴時期，蒐集資料有諸多不便，有時爲了取得對方信任，尚且將自己所蒐羅的資料提供給對方，以做爲雙方溝通的誠信媒介。由於這股爲文學背負使命的信念，與時間競賽的他。若不加緊腳步，十年後這些資料可能湮沒，這些前輩也可能不在人世。

康原《尋找臺灣精神》曾說：「日據下臺灣新文學的開拓者及導師賴和先生，不論作品或爲人，都是當時的文學青年最景仰的。你應該單獨出一本賴和先生全集」〔註64〕於是李南衡三年內將所有資料蒐集齊全，並在葉榮鐘鼓

〔註63〕 林荊南著，〈忠烈祠裡的大文豪——賴和先生〉，《賴和研究資料彙編上》（彰化：彰縣文化，1994），頁250。

〔註64〕 康原編，《尋找臺灣精神》（彰化：賴和文教基金會，1997），頁157。

勵下，一年的時間編輯完成《日據下臺灣新文學：賴和先生全集》並付梓出版。不過卻因在當時的時代氛圍及制式的教育體制下，不但乏人問津，任由書蠹侵蝕，而且引來警備總部的關注查詢。幸好在其極力告知賴和在日據時代為臺灣文學的所做所為之下，安然度過。

　　還有一位就是林瑞明，究竟是什麼動機讓林瑞明願意花十多年的青春、甚至因此造成身體不適，醫生還一度發出病危通知，依舊朝著研究賴和之路，不畏艱厄一直堅持走下去呢？陳芳明說：

> 林瑞明所寫的《臺灣文學與時代精神：賴和研究論集》（臺灣，允晨文化，一九九三年八月），適時在賴和冥誕前夕出版，似乎為明年的紀念活動加深了一層意義。林瑞明投注十年的心血，研究賴和在臺灣政治史與文學史上的角色地位，終於完成二十餘萬言的專書。這冊著作，恐怕是到目前為止有關臺灣文學探討的作品裡最為結實的一部。〔註65〕

據林瑞明所言，他研究賴和的契機之一，是因於楊逵曾帶他到彰化賴和醫院的故址，並告訴他自己受到賴和很大的影響。而在賴和未被平反（1984年）之前，研究賴和是一種禁忌，且由於學院裏視臺灣文學的研究不是一種學術研究，所以容易將賴和歸為統一派。然賴和的民族主義深具複雜的意涵，林瑞明研究賴和的文學精神與文學對時代的意義，從實質的文獻去著手，以建構賴和的生命圖像。林瑞明研究賴和是先從新文學運動的部分開始，再來才是側重賴和的政治運動與社會運動的部分，主要是因為在1987年解嚴前，階級和左翼是禁忌的題材。

　　書中內容主要是描述賴和參與文化社會政治運動，從臺灣文化協會的成立、分裂、再分裂而至結束活動的脈絡下，去探討賴和在路線轉折之際的微妙角色。他是一個文化人，未具明顯的政治性格，在整個抗日運動的過程中，看不到他闡釋政治理念的文章，從爭取臺灣殖民地的政治權利出發，以及在1927年「左右傾辯」的對峙裡，處身於民族運動與階級運動的兩條政治路線中，賴和站在被異族殖民統治的反抗立場，主要反抗對象是日本帝國主義，他以不具領袖慾的性格，以他的包容力，再加上他的行醫收入，支援了日據下左右翼的政治運動，仍起了一定程度的作用。

〔註65〕 李篤恭編者，《磺溪一完人》（臺北：前衛出版，1994），頁77～78。

二、文學創作

康原〈臺灣新文學之父——賴和先生小傳〉說:「文學是社會的縮影」,〔註66〕所以賴和用筆寫盡日治時期臺灣社會貧苦大眾遭受的苦難,記錄了臺灣歷史。涂公遂《文學概論》曾指出:「文學,是作者藉文字的組織,以表達其思想與情感的。」〔註67〕爲了表達對賴和的懷念,爲了留下賴和爲臺灣人奮鬥的史蹟,讓後輩青年學習與景仰。在日治時期就有臺灣作家悼念賴和之作品,收錄在林瑞明在 2000 年出版的《賴和全集》。除了賴和生前的作品之外,還包括日治時期和文友的書信往來與悼念賴和之作。戰後也有臺灣作家寫詩追憶賴和的作品,收錄在賴和先生百年紀念文集《磺溪一完人》。閱讀賴和的文學,可以重現日治時期臺灣的歷史,而閱讀「賴和」的文學作品,可以重現賴和的文學精神。

在臺灣文學傳統的脈絡中,從明鄭時期永曆初年,浙江人沈光文因颱風而漂泊到臺灣,帶來詩學在臺灣播種。進入清領時期,沈光文與諸羅知縣季麒光等十四人組織「東吟詩社」,推展了中國傳統的舊詩文學運動。到了日治時期,受中國五四文化運動影響,與日語教育的推行,而促進臺灣新詩(相對於舊詩文學而言)的產生。再透過日文的翻譯書,吸收西歐文學思潮,而促使臺灣新詩進入臺灣現代詩。但在 1937 年臺灣總督府全面禁止漢文的使用,而僅存日文詩的創作。不過銀鈴會卻保存了鄉/本土詩文學,雖然歷經紀弦的現代派與洛夫的創世紀晦澀、虛無的現代詩橫的移植,最後仍回歸臺灣鄉/木土的《笠詩刊》,建立臺灣現代詩〔註68〕性格。

在文學創作重現「賴和」方面,筆者將蒐集到的資料,加以爬梳後發現,日治臺灣作家對賴和的文學書寫,以悼念賴和的作品爲主,寫作的形式是舊詩。而戰後臺灣作家對賴和的文學書寫,則以現代詩的方式來創作。所以,從臺灣這個時間與空間兩方面所形成的臺灣文學傳統的軸線,可以探知現代詩的文類傳統衍革。

〔註66〕 康原著,〈臺灣新文學之父——賴和先生小傳〉,《賴和研究資料彙編下》(彰化:彰縣文化,1994),頁 481。

〔註67〕 涂公遂著,《文學概論》(臺北:五洲出版,1996),頁 41。

〔註68〕 陳千武著,《臺灣新詩論集》(高雄:春暉,1997),頁 75。所謂「現代詩」,是指具有現代藝術精神的詩,屬於前衛性世界共通的詩法而創作的詩。所謂「臺灣現代詩」,是指依據臺灣傳統、風土、民俗等,獨特的意識或性格所創作的現代詩。

（一）日治臺灣作家對賴和的文學書寫

文學，是作者藉文字的組織，以表達其思想與情感的。日治臺灣作家對賴和的文學書寫，乃以舊詩的書寫方式，將心中對賴和的不捨、懷念、景仰等思想與情感表達出來，這些悼念作品〔註 69〕可視爲對賴和的文學書寫。茲分述如下：

> 君志爲良醫，與以匡時弊。閭里皆感恩，貧困多周濟。懸壺三十年，活人難以計。門庭若穿梭，不見稍衰替。若爲他人有，致富得權勢。君乃無所益，清風生兩袂。留得身後名，與人傳一世。陳虛谷〈哭懶雲兄〉，（頁 126）

陳虛谷共寫了七首舊詩來悼念賴和，這是第一首。閱讀這首詩從中了解到賴和是位仁醫，救人無數。遇到生活極困苦的患者，不但不收醫藥費，還拿錢周濟他。彰化市民沒有不感激他的，咸稱他爲「彰化媽祖」。他還參加社會運動，到處演講來喚醒民眾，啓發民智，出錢支援運動團體，以爭取臺灣早日脫離日本殖民統治，臺灣民眾可以重獲生的尊嚴與自由。他雖然與世長辭，但功績卻足以名垂千古。

> 誅連勾黨身名累，禍起蕭牆玉尺焚。絕頁未成應有恨，天教後死檢遺文。頑健如君世少儔，忽成心病究何由。詩留絕筆題遺照，會集同仁憶去秋。臥榻疴瘵猶繫念，登門親友每擔憂。劇憐時局艱危甚，撒手塵寰恨肯休。　　陳英芳〈哭賴懶雲同社〉，（頁 131）

陳英方名渭雄，與賴和一樣都是一名醫生。曾經是文化協會、議會期成同盟會成員。之前，賴和曾慰問因喪失次子而哀痛的他，如今他是憐痛失去賴和。閱讀這首舊詩，知道賴和因參加社會運動，而觸怒了日本統治者。被捕入獄監視，最後竟積憂成疾而撒手人寰。

> 玉石何如可並焚，吾徒竟失鷗鷺群：良醫自古如生佛，執友何人最哭君。（渭雄輓詩淒絕）復社文章遭妒忌，東林裾屐等烟雲；橫溪抗手題詩後，鶴立荸亭不再聞。　　陳逢源〈哭賴懶雲〉，（頁 132）

賴和最爲人景仰的有三部份，分別爲仁醫、文學家、社會運動者。這首舊詩可以得知，陳逢源最爲懷念的是賴和的醫德與文學創作。

> 生別難堪死更哀，千秋癡望鶴歸來：多才畢竟偏妨命，留病依然未壓災。
> 三字人間餘恨史，一生風格想寒梅：杏花似解春無主，也自含愁不忍開。

〔註 69〕　賴和著：林瑞明編，《賴和全集　雜卷》（台北：前衛，2000），頁 126～149。

楚些賦罷我何堪，學海尤憐失指南；人比陶潛情更熱，我知和緩德無慚。

未聞大計營身後，每漸忘形在酒酣；檢點生平君行跡，佛家因果信空談。

侷促原知處境難，備嘗世味幾辛酸；著書常苦清閒少，容物閒欽雅量寬。

自有仁聲揚梓里，能無功績誌文壇；皎然心跡明如境，何待囂囂論蓋棺。

交遊歷歷溯前塵，情性推君最率眞；尚友獨能廉待己，濟時每不讓當仁。

命乖早識魔爲祟，心病原知死有因；飄渺吟魂招不得，黃泉碧落總傷神。

楊守愚〈輓賴懶雲社兄「日政時代」〉（頁133）

　　楊守愚寫了五首舊詩來悼念賴和，此乃第一首。從詩中可以探知，楊守愚受到賴和的提攜，對賴和的情眞意切，感念之情流瀉於字裡行間。就如「千秋癡望鶴歸來」、「也自含愁不忍開」、「黃泉碧落總傷神」。楊守愚對於賴和最後難逃日本統治者的魔掌，而萬分不捨。失去一位良師益友的賴和，感到哀痛逾恆。

朱鳥西臺跡已非，謝翺心血認依稀；詩留應社悲陳跡，影渺空山隕少微。

隨俗行醫名已震，等身著作願多違；平生重友如寡君，氣類相看淚共揮。

故交情抱未蕭條，癡想魂歸賦大招；諷世微言餘說部，凌寒勁節仰清標。

病因積憤醫難救，死爲沉冤恨莫消，吾道艱難天又醉，存亡一例屬無聊。

楊笑儂〈哭懶雲社兄〉（頁136）

　　楊笑儂名樹德，是一名醫生，與賴和爲彰化應社的詩友。賴和是一位重情重義、高風亮節的醫生、文學家。蒙受不白之冤，積憤抑鬱而終。只怪在這時局艱困，非人力足以狂瀾。留下的文學作品與爲臺灣同胞奮鬥的精神，是爲後世學習的典範。

痛絕斯才似此休，爭禁故舊涕交流；江山到處成追憶，風月平生易得愁。

英抱尚餘胞與願，高情宣爲子孫謀；莫悲泉下無知己，抗手相迎有錫舟。

楊雪峰〈輓懶雲同社〉（頁138）

　　楊雪峰本名木，彰化人，開業醫生。曾爲臺灣文化協會理事，與賴和爲小逸堂同窗。施至善、王敏川、賴和三人，後來被人稱呼爲「彰化三枝柱」，錫舟是王敏川的別號，賴和與王敏川同是爲啓蒙臺灣民眾，而投身社會運動的知識份子。最後相繼爲國而犧牲寶貴性命，「莫悲泉下無知己，抗手相迎有錫舟。」所以賴和應該不會寂寞，因爲黃泉路上有王敏川這位志同道合的好友相隨。

每從月下共論文，詎料幽明一旦分；午夜燈殘誰勵我，碧桃花發獨思君。

交于淡處情偏摯，恩及貧民德自薰；重過橫溪春草碧，書聲恍惚耳邊聞。

禍患纏除病便侵，逃虛無計覓仙岑；飭躬桑梓偏遭謗，放眼乾坤祇浪吟。

半世榮枯餘幻影，一時毀譽肯關心；知君抱有千秋慮，華表歸來感更深。

楊雲鵬〈哭懶雲大詞兄〉（頁 140）

楊雲鵬名添財，是楊樹德之弟，其姐夫爲林獻堂。1921 年林獻堂和蔣渭水等共同組織成立臺灣文化協會，賴和爲該組織的成員。從詩中可知，賴和提攜後進不遺餘力，對貧民百姓的付出，令人感佩。身後卻遭毀謗而移出忠烈祠，其實進不進忠烈祠，賴和是不在意。不過，像賴和人格如此之崇高，尚遭受如此之屈辱，真令人感慨萬千。

伸張民氣說彌勤，苦向勞生號懶雲；寢不安眠終爲世，食無求飽最憐君。

謗隨譽至初何害，事與心違等自焚；一死也知兼淚盡，窗間百讀遺文。

詹作舟〈輓懶雲同學〉（頁 141）

詹作舟名阿川，開業醫生，與賴和爲小逸堂、臺灣總督府醫學校同窗。這首舊詩在書寫的形式上已在轉變，漸脫離舊詩的束縛，朝向新詩較爲自由的形式書寫。賴和醫生爲臺灣窮苦百姓的喉舌，伸張正義，在獄中所留下的〈獄中日記〉，詹作舟每回讀之，不禁潸然淚下。

噩耗傳來遽，仙龕返道山；懷才遭物忌，嘔血爲時艱。

心病無人識，身衰只自患；蒼蒼安可問，雙袖淚痕斑。

詹友梅〈哭懶雲同社〉（頁 149）

詹友梅名阿本，開業醫生，爲陳虛谷妹婿。賴和爲國捐軀、英才早逝，草木亦爲之含悲，何況血肉之軀擁有思想感情的人。

（二）戰後臺灣作家對賴和的文學書寫

蕭蕭《現代詩縱橫觀》曾指出「詩，是我的心靈與現實社會撞擊的火花——存在而真實」，〔註70〕所以誠如筆者在蒐集的資料中，發現日治臺灣作家寫「詩」來悼念賴和，而戰後臺灣作家也是寫「詩」來追憶賴和。戰後有一段時間賴和是沉沒於歷史洪流，討論賴和被視爲禁忌，因此更遑論提筆寫作文章讚誦賴和。年輕一輩的學子不知臺灣有文學，不知臺灣四百多年的歷史，更不知臺灣新文學之父賴和，他究竟對臺灣文學與社會大眾有何貢獻，值得大家去學習與景仰？

〔註70〕 蕭蕭著，《現代詩縱橫觀》（臺北：文史哲出版，1991），頁 279。

　　直到 1984 年 1 月 19 日內政部發文給侯立朝先生的公函（七三臺內民字第二〇三五五九號）內容寫著，彰化「和仔仙」賴和先生原為抗日烈士，卻曾蒙冤屬實，本部業已另函臺灣省政府，即予辦理入祀忠烈祠。賴和再度入祀忠烈祠之後，許多有心人便著手研究、討論賴和，甚至出版賴和作品。研究賴和如雨後春筍般不斷的湧出，形成一股風潮。陳芳明〈百年孤寂的賴和〉說：「賴和受到如許的尊崇，充分顯示臺灣社會的歷史記憶正在加速恢復之中。」〔註 71〕賴和的崛起，臺灣文學的斷層得以漸漸的彌補。賴和先生百年冥誕紀念文集《磺溪一完人》裡，收錄了 9 首戰後臺灣作家書寫現代詩追念賴和。茲分述如下表：

表 2-3：李篤恭《磺溪一完人》中戰後臺灣作家書寫現代詩追念賴和

作者	篇名	詩中一段內文	詩的主題
廖祖堯	桃李不言的賴和——「臺灣新文學之父」	當政治運動被抑壓！／——首先搶先以鄉土文學——主持正義、抗節不附／那些只壓榨「蚩蚩文氓」的財閥／、不義的臺奸……／一代楷模的仁醫，賴和。	我們能擁有屬於臺灣人自己的臺灣文學，都是賴和倡導白話文與鄉土文學之功。
莊世和	臺灣的尊嚴——賴和	您的名字叫做賴和／是臺灣的尊嚴賴和／雖然您我不相識／但您的大名／常徘徊著在我的腦子裡／因為您是我們的導師／是我們精神的支柱	賴和不畏強權爭取臺灣民眾之尊嚴，用醫術醫人間痛，用文筆治人心痛。雖然您已離我們而去近半世紀，但您的思想與精神將繼續在島上成長、繁衍。
張夏翡	築路的人——記賴和志士	你相信把路修完的一日／寒冬將逝／暖陽的金黃必會偏灑／咱的莊田／你抿緊雙唇／不理衣襟翻飛／一鋤是一滴汗血／一鋤是一份希望／就算終於你要倒下／也要化作天空中／最懶的那朵／雲／永不讓遮蔽那人民好不容易辛苦掙來的／珍貴的太／陽	賴和譬喻是一位築路的人，秉持正義之氣，身先士卒、昂然無畏的前進，欲將這條充滿芒刺、汁液劇毒的雜草之路，修得平順美麗，就算倒下，保護大眾之心依然永存。
利玉芳	憶賴和先生二首	（善訟的人唱）哈哈！你免驚／我才無哈呢憨／現在官司是看在錢的面上／靠官那有情理通好講／必須藉大眾的力量／（百姓唱）按怎講／按怎講	這首是讀「善訟的人」有感而作，詩中加入閩南語更加貼近臺灣貧民百姓的生活，以現實手法，對「法」的公平性提出質疑。

〔註 71〕 李篤恭編者，《磺溪一完人》（臺北：前衛出版，1994），頁 77。

顏妙婷	懶雲——思念臺灣先賢賴和先生	放下聽診器後／你緊握著筆當槍／在黑夜／高聲擊發／欲喚醒沉睡的每顆心靈／哪怕敵人以砲彈團團圍／生在礦溪／情在礦溪／不把自己當人／懸盪飄遊／因爲擔憂	賴和不但是位仁醫，還是位不畏強權，爲貧困的臺灣民眾的喉舌。以社會寫實的手法記錄臺灣人民受欺凌、壓迫的文學作品，來喚醒臺灣民眾爭取民族解放。
莫云	無悔	星月隱晦的時空裡／在悲涼的夜色也不曾澆熄一顆／血熱的詩心	賴和留下的斑斑血淚史及其精神已喚醒大眾，即使天空依舊隱晦，你熱血澎湃的心將永傳後代，繼續奮鬥。
林建隆	賴和	爲他塑一尊像／讓後人親吻／你我銅鑄的遺言／爲他塑一尊像／讓後人模擬／你我番薯的造型／爲他塑一尊像／讓後人握緊／你我手中的「一桿秤仔」	這首詩重複以「爲他塑一尊像」來起頭，除了尊崇賴和偉大的人格外，同時也響應爲賴和建紀念碑或紀念館以供後人景仰，不忘這位爲臺灣犧牲奮鬥的仁者。
江秀鳳	蒼白的呼喚	好長的冬天啊／驚蟄過後／被春雷驚醒的傲骨／失魂落魄／百年前／那把老骨頭／創作生命／延續香火／負使命感／蹀躞於白色的／恐怖中／百年後／如今您在／灰塵和歲月的風霜裡／復活	賴和在日治時期被日警無端誣告而監禁，在白色恐怖時期，被國民政府視爲匪類，而被逐出忠烈祠。如今沉冤得雪，他的靈魂依然獲民眾景仰。
陳丁財	人格・人道講賴和	於扴（ti-teh）／歸區攏被草踏的番薯園內／伊是一條不驚落土爛的番薯／爲著咱的文化生葉佮（kah）傳枝／常常／伊也是一蕊不驚日頭曝的懶雲／用伊歸身軀擠出的雨水／滴醒著咱們苦命的兄弟／夯頭對抗惡酷的日頭天	這首詩與賴和的作品〈一個同志的批信〉一樣都是用閩南語來創作。尊崇賴和的人格與人道精神，不只是臺灣新文學之父，更是新臺灣人做人處事的導師。

　　從上述資料在爬梳過程中發現，日治臺灣作家書寫賴和悼念之作幾乎是醫生，且書寫形式都是以舊詩爲主。這些醫生不但參加彰化應詩社，同時也絕大部分又參加文化協會啓蒙社會大眾的運動。由此可知，與賴和交遊的對象幾乎都與賴和一樣，都是同時一方面接受傳統漢學教育，一方面接受日本現代化教育，透過日文來吸收西方思潮，使其在寫作上在形式、語言等突破傳統，但仍留有傳統詩情，彼此重疊融和而產生有別於傳統的舊詩。

　　戰後臺灣作家書寫的作品，都是以新詩的形式來呈現。已擺脫了晦澀、虛無的形式技巧，融入現實社會環境，學習現代主義技巧。表現自己以及環境、社會、國家的眞實性。表現純粹傳統的鄉／本土意識，從橫的移植回到縱的鄉土實質。但表現的內容是日常生活次元，著重於感情的主宰，屬於大

眾性的思想詩或生活詩。單純直接的表現手法，從正面讀就能明瞭現實的現象，未達藝術性的意象或複眼重疊效果。

　　從臺灣形成的文學傳統這一時空脈絡去爬梳，可發現在臺灣「詩」的發展脈絡，從舊詩（即傳統漢詩）而新詩（與舊詩相對）。新詩因表現的內容、主題、性格與技巧，而分爲自由詩與現代詩。陳千武《臺灣新詩論集》曾指出：

> 「所謂自由詩打破舊詩定型韻律的形式束縛，直接或間接受到西歐
> 浪漫派或象徵派的影響，實踐自由分行形式的創作。現代詩具有現
> 代藝術精神的詩，受『達達』或超現實或新即物的現代主義影響，
> 屬於前衛性世界共通的詩法創作的詩。」〔註72〕

臺灣新詩創作是從1923年謝春木和施文杞開始，而臺灣現代詩的創作爲1933年楊熾昌（筆名水蔭萍）組織「風車詩社」實踐現代詩創作。紀弦於1956年宣佈成立現代派，推動現代詩運動，追求知性的純粹詩。1964年6月《笠詩刊》創刊，企圖挽救當時詩壇晦澀、虛無現象，創新鄉／本土詩文學。笠的詩人吸收了西歐知性的詩的技巧，以暗喻或諷刺的高度技巧，表現純粹傳統鄉／本土意識，革新創作屬於臺灣獨特性格的現代詩。〔註73〕

小　結

　　據筆者蒐集的資料中探知，史料研究的數量較多，研究成果可以呈現賴和的歷史真相。讓後代的年輕學子認識這些日治時期爲臺灣奮鬥、犧牲奉獻的文學家，及臺灣民眾被欺凌壓迫的血淚史。而文學創作數量較少，但確是可以呈現文學的賴和。賴和是一位文學作家，他用椽筆將臺灣民眾最真實的生活情形記錄下來，或許同樣以文學創作來再現賴和，會是適切的徑路。

　　不過，不管在日治臺灣作家書寫賴和或戰後臺灣作家書寫賴和，不是用舊詩，就是用自由詩的方式，來悼念賴和的偉大事蹟。臺灣已發展具知性與藝術性的現代詩，難道都沒有用臺灣現代詩的方式，來呈現賴和嗎？事實上，據筆者觀察，在戰後臺灣各級詩獎中，發現有作家，以臺灣現代詩的形式來創作，再現文學的賴和。

〔註72〕陳千武著，《臺灣新詩論集》（高雄：春暉，1997），頁69～75。
〔註73〕根據陳千武在〈臺灣現代詩的性格〉中說，所謂「臺灣現代詩」係指依據臺灣傳統、風土、民俗等，獨特的意識或性格所創作的現代詩。陳千武著，《臺灣新詩論集》（高雄：春暉，1997），頁75。

　　臺灣文學獎與文學產生有何關連性？臺灣文學獎種類爲何？何時開始舉辦？爲何要創辦文學獎，其目的爲何？有哪些文學獎中有「賴和」書寫而得獎？茲於下一章節討論。

第三章　文學獎作爲書寫臺灣新文學之父賴和的機制

第一節　臺灣文學獎與文學生產

一、臺灣文學獎概述

　　侯伯・埃斯卡皮（Robert Escarpit）《文學社會學》說：「文學獎的價值不只在於名義上的肯定，還能保障作品暢銷。」〔註1〕許多諾貝爾文學獎得主，如 1980 年得獎的米悟虛（Czeslaw Milosz）、1981 年卡內蒂（德語：Elias Canetti）等。在未獲獎前，雖投注畢生的心血於寫作，仍是默默無聞。獲獎後就像鞭炮一樣，碰一聲用力打響了。不但獲致高額的獎金，傳播業者大力的散播，引起讀者的高度閱讀興趣。促使出版業者一再印刷其得獎作品，甚至未得獎前罕爲人知的作品。所以「文學獎」極具鼓勵作用，不但吸引舊作家投入，使其在文壇的地位更加穩固。也吸引新的創作者加入逐鹿行列，使其名正言順踏入文壇之門。

　　先進國家都是提升大眾文化來提高人口素質，而提高人口素質是強國富民的最佳策略。提高人口素質最顯著的作法之一，即是舉辦文學獎。正如鄭麗園〈英國豐富的文學獎〉說：「藉著『獎』的鼓勵，不僅有志創作者受到鞭

〔註1〕侯伯・埃斯卡皮（Robert Escarpit）著，《文學社會學》（臺北：遠流，1990），頁 57。

策，更能使文學作品的銷售量增加，進而帶動廣泛大眾欣賞文學的熱忱，營造出一種社會尊重文學的氣氛。」〔註2〕可見，文學獎可以鼓勵文學創作，推動社會風氣，提攜文壇後進，爲文壇注入新血輪。全世界有許多國家都設有文學獎，英國的文學獎有 250 餘種、日本也是個文學獎充斥的國家、而法國的文學獎則有 2000 多種等。而臺灣亦不落人後，近年來也有 100 種〔註3〕文學獎舉辦。

　　英國早期的文學獎也只有「毛姆獎」、「卡內基勳章獎」等，經過「英國書聯」及「作家協會」的全力鼓吹，才有現在這麼豐富的文學獎。臺灣文學獎從早期沒有文學獎到現在每年有近 100 種舉辦，期間的發展脈絡與種類爲何？

　　文學獎的設立是近代的文學活動，就連被世界文壇譽爲最高榮譽的諾貝爾文學獎也是於 1901 年創立，其他國家亦是如此。臺灣文學獎設立，也是近五十年興起之文學活動。正如彭瑞金《臺灣新文學運動四十年》說：「透過黨、政、軍、救國團及各級學校成立各種型態的（有純官方的，有軍方國防部出面的，有官方出資的、以社團掛名的）各形各色的文藝團體，並以這些文藝團體的名義設立文學獎，出版刊物。」。〔註4〕戰後，國民黨爲了建立黨政一體的文化官僚體制，於是，藉由文藝獎項，來吸收文藝青年。全面控制文藝活動，以達到栽培與掌控文人的雙重目的。

　　臺灣最先是由官方（國家機器）創立獎金制度，大力扶植戰鬥文藝創作，是 1950 年蔣介石指示張道藩創辦「中國文藝獎金會」（1950 年 3 月～1956 年 12 月）。雖然僅維持七年，其間舉辦十七次，卻鼓舞了三千多人投稿。作品達萬件，獲獎的作家達一百二十人，從優得稿費的作家有一千人以上，如廖清秀《恩仇血淚記》榮獲長篇小說第三獎等。

　　由於文學獎的巨額獎金，吸引許多人投入文藝創作。統治當局便以此作爲管理作家、管理文學的手段。陸續創辦許多文學獎項，如 1954 年起每年舉辦「軍中文藝獎金」，1955 年教育部學術文藝獎、1960 年中國文藝協會獎章、1965 年中山學術文化基金會於次年設立中山文藝創作獎、1965 年中國青年反

〔註2〕 鄭麗園，〈英國豐富的文學獎〉，《聯合報》，1988.01.02，第 21 版。
〔註3〕 李瑞騰總編輯，《2009 臺灣文學年鑑》（臺南：臺灣文學館，2010），頁 461。
〔註4〕 彭瑞金著，《臺灣新文學運動四十年》（臺北：自立晚報社文化出版部，1991），頁 72。

共救國青年文藝獎……。不勝枚舉的獎勵吸引了軍人、學生、平常百姓、婦人加入文藝創作。官方全面掌控了，1950 年以後的臺灣文藝活動。因此，在文藝政策〔註5〕與獎金制度的鼓勵下，一九五○年代的臺灣文壇成爲反共文學創作的主流。

　　其次，民間社團、法人機構、媒體、各級學校等，也陸陸續續舉辦文學獎。正如張俐璇《兩大報文學獎與臺灣文學生態之形構》說：「《臺灣文藝》是站在臺灣民族主義下思考臺灣「本土」的純文學雜誌，其文學旨在建立批判能力的寫實文學，迥異於當時中國文學傳統的繼承、對純美學、純藝術作品的提倡。」〔註6〕吳濁流於 1964 年 4 月創刊《臺灣文藝》，且於次年設立「臺灣文學獎」。並自 1970 年起更名爲「吳濁流文學獎」，受到文學獎的鼓勵有黃春明、洪醒夫、向陽等作家。但因具鄉／本土文學立場，在當時的時代氛圍乃屬於文學場域的邊緣，所以張俐璇《兩大報文學獎與臺灣文學生態之形構》曾指出：「雖然吳濁流文學獎創辦時間早於兩大報文學獎，但兩大報文學獎卻比吳濁流文學獎更具『權威性』」〔註7〕。可見，時代的氛圍足以左右文學獎對文學發展的影響力。

　　張俐璇《兩大報文學獎與臺灣文學生態之形構》說：「報紙的副刊，一方面象徵著某種文化的認同，一方面又是文化價值的生產機器。」，〔註8〕因此，報紙的副刊在一九七、八○年代，是吸引訂戶訂閱的關鍵，是角逐百萬大報的樞紐，更是形成文學傳播的主流。而文學獎是副刊風格的再延伸，所以兩大報相繼舉辦全國性文學獎。不但提攜了新進作家進入文壇，而且促成主流文學生產機制，影響臺灣文壇生態。

　　1976 年馬各主持〈聯合副刊〉時，設立聯合報小說獎，開風氣之先，是臺灣新聞媒體首先舉辦大型文學獎。張俐璇《兩大報文學獎與臺灣文學生態之形構》說：「在瘂弦認爲，文藝創作是副刊的重心，小說更是左右副刊成敗

〔註5〕 所謂的「文藝政策」，則是政府力量介入文學領域的公開宣示。見於黃鶴仁，〈臺灣的地方文學獎——以九十四年文學獎爲主〉，《東吳中文研究集刊》14期（2007.6），頁 209～222。

〔註6〕 張俐璇著，《兩大報文學獎與臺灣文學生態之形構》（臺南：南市圖，2010），頁 98。

〔註7〕 張俐璇著，《兩大報文學獎與臺灣文學生態之形構》（臺南：南市圖，2010），頁 98。

〔註8〕 張俐璇著，《兩大報文學獎與臺灣文學生態之形構》（臺南：南市圖，2010），頁 71。

的關鍵」。〔註9〕所以，一開始便以小說，爲文學獎徵選的文類。1983年文學獎徵選增加散文類，1985年起停辦三屆。1988年再度舉辦聯合報小說獎，已是解嚴時代。於是獎項徵選的文類也逐漸多樣化，於是在1994年（第十六屆）改稱爲「聯合報文學獎」。

1978年高信疆主持《中國時報》〈人間副刊〉，設立時報文學獎，分小說（短篇）、報導文學兩類，以「肯定人性尊嚴，反映社會面貌，激勵民族大愛」爲宗旨。之後，陸續設置許多不同文類，如敘事詩、科幻小說、文化評論等。

正如陳玉慈〈凌煙小說之研究〉說：「全球化促使『在地化』的形成」。〔註10〕因此各縣市政府自覺在文化的展現，應具個別性與獨特性。於是努力蒐羅、整理當地優良作家們的作品並出版，讓文學的芬芳與土地的情感，注入當地民眾的血液中，來凝聚地方感的認同。除此之外，爲了鼓舞民眾熱衷文學寫作，提升文學風氣，各縣市文化中心便陸續舉辦文學獎徵文比賽。首先是臺南縣南瀛文學獎，創辦於1993年，桃園縣亦於三年後（1996年）舉辦文藝創作獎。之後，其他縣市相繼跟進。至今，不但臺灣所有縣市都有自己的文學獎，如金門縣也於2004年創辦浯島文學獎、連江縣於2009年舉辦馬祖文學獎。連鄉鎮市公所也開始主辦文學獎，如「三重文學獎」。近年來，更是文學獎充斥，不只政府機關、基金會、出版社、廟宇、宗教團體出資辦理文學獎外，甚至重視形象的企業也樂於參與，如臺積電。

二、臺灣文學獎的舉辦

文學獎之受到矚目，跟整個社會與經濟環境有關。臺灣社會風氣自由，經濟富裕，人民生活優渥，促使臺灣舉辦的文學獎愈來愈多元，不但名目眾多，如「九歌現代少兒文學獎」、「全國高中職奇幻文學創作獎」、「宗教文學獎」、「倪匡科幻獎」、「島田莊司推理小說獎」、「基督教雄善文學獎」、「鄭福田生態文學獎」等。

徵文的種類也因目的不同而五花八門，如武俠文學、科幻文學、推理文學到法律、醫學等專門文學獎都有。主辦單位（資金贊助）不再是國家政府、媒體、學校承辦，舉凡基金會、出版社、宗教團體、廟宇、企業家等也都加

〔註9〕 張俐璇著，《兩大報文學獎與臺灣文學生態之形構》（臺南：南市圖，2010），頁79。

〔註10〕 陳玉慈，〈凌煙小說之研究〉（碩士論文，中正大學臺灣文學所，2011），頁28。

入陣容，紛紛辦理文學獎徵文活動。而無論是全國性、地方性的文學獎，其主要目的不外鞏固老作家的名位、獎掖新人創作、鼓勵並提升寫作風氣。

根據《2002 臺灣文學年鑑》「文學獎名錄」〔註11〕，臺灣現有的文學獎項目與種類都相當可觀，《年鑑》將這年度文學獎分為四類：一、全國性文學獎；二、地方性文學獎；三、學生文學獎；四、優良圖書雜誌獎。不過隨著經濟發達，社會進步，政治民主自由，文學獎的設置，如雨後春筍般不斷冒出。種類、名目愈來愈多，在《2009 臺灣文學年鑑》〔註12〕就收錄 100 筆文學獎。本文將以全國性文學獎與地方性文學獎作為研究對象。

文學獎依其主辦單位、參加對象、目的、徵文內容可區分為全國性文學獎與地方性文學獎。地方性文學獎「主辦單位」為各縣市政府文化局，「參加對象」為限本籍或曾設籍及現在（居住、服務）於區域縣市六個月以上之作家。「目的」為蒐集區域縣市文學資料，提升區域縣市文學創作水準，提高藝文氣息，推廣文學閱讀風氣而設立。有些縣市在特定徵文文類的「徵文內容」以書寫該縣市風土民情為限。而全國性文學獎範圍大，乃以鼓勵並推廣全民從事文學創作為目的，其餘不拘，優秀作品皆可。

《2009 臺灣文學年鑑》「文學獎名錄」依文學獎名稱筆畫由少至多排序臚列 100 筆。筆者將其依上述分為全國性文學獎與地方性文學獎，茲列表分述如下：

（一）全國性文學獎的舉辦

誠如彭瑞金《文建會臺灣文學獎得獎作品集》說：「文學家創作文學作品，都是在探索人心人性的前提之下，發揚崇高的人道精神。擁有眾多、優秀作家和豐碩文學作品的社會，必然多增幾分祥和與美好，文學可以視為追求美好社會的努力指標。」〔註13〕所以，許多先進國家，都鼓勵全國人民能從事文學創作。藉此以提升大眾文化來提高人口素質，達到強國富民。臺灣亦不落人後，根據《2009 臺灣文學年鑑》「文學獎名錄」收錄的全國性文學獎就有 71 種（其中，2009 臺灣文學研究論文獎助不列入）。筆者依舉辦的屆數由多

〔註11〕彭瑞金總編輯，《2002 臺灣文學年鑑》（臺北：行政院文化建設委員會，2003），頁 455～468。

〔註12〕李瑞騰總編輯，《2009 臺灣文學年鑑》（臺南：臺灣文學館，2010），頁 461～482。

〔註13〕彭瑞金主編，《文建會臺灣文學獎得獎作品集》（臺北：文建會，2002），頁 1。

而少排列，相同屆數則再依筆劃數由少到多，未標明屆數者則依筆劃數由少到多，表列如下：

表 3-1：李瑞騰《2009 臺灣文學年鑑》「文學獎名錄」全國性文學獎

	獎項名稱	主辦單位	備　註
1	中國文藝獎章	中國文藝協會	第50屆
2	中山文藝創作獎	中山學術文化基金會	第44屆
3	吳濁流文學獎	吳濁流文學獎基金會	第40屆
4	金鼎獎	行政院新聞局	第33屆
5	吳三連獎	吳三連獎基金會	第32屆
6	聯合報文學獎	聯合報、聯合報系文化基金會	第31屆
7	耕莘文學獎	耕莘文教基金會	第30屆
8	全國學生文學獎	明道文藝、國立臺中圖書館、環隆電氣公司	第27屆
9	全國巡迴文藝營創作獎	遠東集團徐元智紀念基金會、桃園縣政府文化局、元智大學、聯合文學基金會	第25屆
10	信誼幼兒文學獎	信誼基金會	第21屆
11	九歌現代少兒文學獎	九歌文教基金會	第17屆
12	榮後臺灣詩人獎	榮後文教基金會	第17屆
13	全球中華文化藝術薪傳獎	中華民國資深青商總會	第15屆
14	國家文藝獎	國家文化藝術基金會	第13屆
15	臺灣文學家牛津獎	眞理大學臺灣文學系	第13屆
16	倪匡科幻獎	交通大學科幻研究中心	第9屆
17	賴和全國高中生人文獎	賴和文教基金會	第9屆
18	兒童文學牧笛獎	國語日報社	第8屆
19	宗教文學獎	靈鷲山佛教基金會、世界宗教博物館、聯合報副刊、聯合新聞網	第8屆
20	臺新藝術獎	臺新銀行文化藝術基金會	第8屆
21	臺灣推理作家協會徵文獎	臺灣推理作家協會	第8屆
22	林君鴻兒童文學獎	林君鴻兒童文學獎管理委員會	第7屆
23	臺東大學兒童文學獎	臺東大學	第7屆
24	臺積電青年學生文學獎	臺積電文教基金會	第6屆
25	講義年度最佳作家	講義雜誌社	第6屆
26	X19 全球華文詩獎	X19 文學獎執行委員會	第5屆
27	全球華文部落格大獎	中時電子報	第5屆
28	林榮三文學獎	林榮三文化公益基金會	第5屆

29	總統文化獎	國家文化總會	第 5 屆
30	葉紅女性詩獎	耕莘文教基金會	第 4 屆
31	懷恩文學獎	懷恩慈善基金會、聯合報副刊	第 4 屆
32	人&自然科普寫作桂冠獎	國立自然科學博物館文教基金會、科學人雜誌	第 3 屆
33	林語堂文學創作獎	林語堂故居、東吳大學	第 3 屆
34	客家貢獻獎	行政院客家委員會	第 3 屆
35	喜菡文學網散文獎	喜菡文學網	第 3 屆
36	福報文學獎	人間福報、中華福報生活推廣協會	第 3 屆
37	數位出版金鼎獎	行政院新聞局	第 3 屆
38	原住民族語文學創作	教育部	第 2 屆
39	臺北國際書展大獎	臺北書展基金會	第 2 屆
40	臺灣閩客語文學獎	教育部	第 2 屆
41	大學院校詩學研究獎學金	臺灣詩學季刊社	第 1 屆
42	島田莊司推理小說獎	皇冠文化出版公司	第 1 屆
43	國家出版獎	行政院研考會	第 1 屆
44	基督教雄善文學獎	基督教雄善文學獎基金管理委員	第 1 屆
45	臺灣藝文評論徵選專案	國家文化藝術基金會	第 1 屆
46	鄭福田生態文學獎	鄭福田文教基金會	第 1 屆
47	全國高中職奇幻文學創作獎	彰化高中圖書館	第 1 屆
48	九十八年度表揚推展本土語言傑出貢獻團體及個人	教育部	
49	九歌年度文學獎	九歌出版社	
50	大專院校兒童文學研究獎學金	中華民國兒童文學學會	
51	全國臺灣文學營創作獎	臺積電文教基金會、INK 印刻文學生活誌	
52	全國高級中等學校海洋文學獎	教育部中部辦公室	
53	巫永福獎	巫永福文化基金會	
54	南華文學獎	南華大學文學系	
55	余光中散文獎	臺灣省文化基金會、臺北縣政府	
56	阿卻（A-khioh）賞臺語文學創作暨論文研究獎勵活動	李江卻臺語文教基金會	
57	2009 年紀念蘇添水先生南瀛學——研究博碩士學術論文獎	愛鄉文教基金會	
58	時報文學獎（第 32 屆）附設人間新人獎（第 4 屆）暨吳魯芹散文獎（第 26 屆）	中國時報人間副刊	
59	高中職學生「十份黑琵」生態文學獎	臺南大學、百世文教集團	

60	教育部文藝創作獎	教育部、中華文化復興運動總會	
61	創世紀55年詩創作獎	創世紀詩雜誌社	
62	梁實秋文學獎	臺北市九歌文教基金會	
63	開卷好書獎	中國時報	
64	溫世仁武俠小說百萬大賞(第5屆)暨附設短篇武俠小說獎	明日工作室	
65	2009年度詩獎	二魚文化事業公司	
66	臺灣文學獎	國立臺灣文學館	
67	臺東大學兒童文學獎	臺東大學	
68	2009德光文藝創作營	德光中學、德光文教基金會	
69	優秀青年詩人獎	中華民國新詩學會	
70	98年度徵選優良電影劇本	行政院新聞局	

　　臺灣文學年鑑編輯的宗旨,是記錄每一年臺灣文學發展的狀況。筆者爬梳1996年至2009年臺灣文學年鑑止,發現三個特點,其一,文學獎在編排上,1996年臺灣文學年鑑是分為全國性、地方性、大學院校三類,到2009年臺灣文學年鑑則按文學獎名稱的筆劃由少至多來排序。或許文學獎種類越來越多是其中一項因素,不過主要是由於近年來地方意識抬頭,地方性的文學獎除了主辦單位提供的獎金不亞於全國性之外,如打狗鳳邑文學獎、竹塹文學獎的短篇小說獎金高達 10 萬元。參加對象也由限於設籍該縣或在該縣居住、就學及就業者,逐漸放寬至只要是中華民國國民皆可參加,內容書寫有關當地地方特色、人文、風土民情者皆可,使得全國性與地方性,沒有刻意區分的必然性。不過全國性是沒有書寫內容題材的限制,創作者可以自由發揮聯想力,所以投稿相當踴躍,件數與受重視的程度仍高於地方性。

　　其二,彭瑞金《臺灣新文學運動四十年》認為,一九八○年代以後臺灣社會的舊結構鬆動了,處在一種甦醒的狀態。隨著時代潮流所趨,政治上的民主法治化、弱勢族群的自力救助、環保反公害運動、女性自覺運動、母語運動等自覺性,使臺灣文學落實於臺灣的土地與現實。文學的多樣、多面、多層,普遍而自然地反映了臺灣的真實。〔註 14〕侯伯・埃斯卡皮（Robert Escarpit）《文學社會學》說:「種族、環境、時勢這三項元素的匯集決定了文學現象,社會狀況對文學活動具舉足輕重的影響。」〔註15〕因此,文學獎舉

〔註14〕彭瑞金著,《臺灣新文學運動四十年》(臺北:自立晚報,1991),頁229。
〔註15〕侯伯・埃斯卡皮（Robert Escarpit）著;葉淑燕譯,《文學社會學》(臺北:遠流,1990),頁7。

辦的目的不同，徵文內容與文學獎名稱，也隨著社會的變遷而呈現多樣貌，如上表所列臺灣閩客語文學獎、鄭福田生態文學獎、島田莊司推理小說獎、原住民族語文學創作等。侯伯・埃斯卡皮（Robert Escarpit）《文學社會學》說：「作品可提供社會見證，保留言論，可一再重現內容，廣爲流傳」。〔註16〕藉由文學獎的創作比賽，而達到某一特定目的。

其三，主辦單位（資金贊助）不再是國家政府、媒體、學校承辦，舉凡基金會、出版社、宗教團體、廟宇、企業家等也都加入陣容，紛紛辦理文學獎徵文活動。臺灣平均二天就有一個文學獎或徵文比賽活動，可見臺灣文學獎充斥，儼然已形成一股全民寫作的風氣。

（二）地方性文學獎的舉辦

1987 年 7 月 15 日臺灣解除戒嚴，從單一文化霸權逐步被解構，社會趨向多元化發展，鄉／本土意識逐漸蓬勃發展。陳玉慈〈凌煙小說之研究〉認爲：「在本土意識高漲、文化全球化影響下，地方文學獎無論是寫『人』或『物』的在地書寫方式，漸漸形成一種新的書寫方式，創造出另種文學風貌。」。〔註17〕黃鶴仁〈臺灣的地方文學獎──以九十四年的文學獎爲主〉說：「地方文學獎用徵選的方式強調地域性與本土化，也可視爲一種文藝政策」〔註18〕地方文學獎便成爲各縣市政府強調地域性與鄉／本土化特色的文學，而使用的一種文學活動方式，以博得民眾的在地文化認同。

臺灣地方文學獎的舉辦，是由高雄市在 1981 年率先創辦「高雄文藝獎」。它的獎項分爲文學類、音樂類、建築類等，是「文學」之外，還包含「藝術」類，並不是純屬於文學創作項目。直到 1993 年臺南縣舉辦「南瀛文學獎」，才真正開啓地方政府辦理地方性文學獎的風氣。接著，其他縣市也相繼辦理具地域性特色的文學獎徵文活動。不但如此，近幾年來，甚至也出現鄉鎮市公所辦理的文學獎。臺灣地方文學獎如雨後春筍般不斷的冒出，在實務上如何運作、規劃，才能在合理的措施下，既能鼓勵在地人士文學創作，使參賽的作品在質與量上都能達到一定水平，又能凸顯個別特色與全國文學獎性質有所區分。

〔註16〕侯伯・埃斯卡皮（Robert Escarpit）著；葉淑燕譯，《文學社會學》（臺北：遠流，1990），頁 8～19。
〔註17〕陳玉慈，〈凌煙小說之研究〉（碩士論文，中正大學臺灣文學所，2011），頁 30。
〔註18〕黃鶴仁，〈臺灣的地方文學獎──以九十四年的文學獎爲主〉，《東吳中文研究集刊》14 期（2007.6），頁 212。

　　各縣市文學獎創辦時，爲了顯示地域性特色，會在徵文簡章的「獎項名稱」、「參賽資格」、「作品主題與內容」，訂定出與全國性文學獎有差異性的規定。根據《2009 臺灣文學年鑑》「文學獎名錄」收錄的地方性文學獎就有 31種（臺北文化獎與林園文學獎，無記載參賽資格與作品主題、徵選類別，因此未列入。）。筆者依主辦單位由南到北，由東到西，由本島至離島排列。表列如下：〔註19〕

表 3-2：李瑞騰《2009 臺灣文學年鑑》「文學獎名錄」地方性文學獎

	獎項名稱	主辦單位	參賽資格與作品主題	徵選類別
1	海洋文學獎	基隆市政府	中華民國國民；凡能表達對：海洋的思考者，有關基隆人文、名勝、古蹟等皆可。	散文、現代詩
2	臺北縣文學獎	臺北縣政府	本籍（或設）臺北縣，或在本縣居住、就學、就業者，作品題材不拘；作品內容爲反映臺北縣風土民情者，則不限資格。	散文、新詩、短篇小說、小品文（以臺北縣旅遊文學爲主題。）
3	臺北文學獎	臺北市政府	無國籍、居住地等限制，海外民眾亦可參加，惟須以中文創作；散文（現代詩）：以「時間書寫」爲主題、古典詩：以「臺北山水」爲主題、舞臺劇劇本：以「實驗劇」爲主。	散文、現代詩、古典詩、舞臺劇劇本、文學年金
4	臺北國際書展大獎	臺北書展基金會		小說類與非小說類年度大獎
5	外籍勞工詩文比賽	臺北市政府勞工局		詩文組與散文組
6	城市之窗——三重文學獎	三重市公所、三重市民代表會	童詩、散文（國中、高中組）：設籍三重市，或目前在三重市就學之學生；散文社會組（含大專院校）、短篇小說組：不限地區，內容需反映三重市風土民情者。	童詩、散文、短篇小說
7	中和庄文學獎	中和市公所	兒童組（青少年組）：在學學生，需設籍中（永和）市，或目前就讀中（永和）市之學、成人組：十八足歲以上，不限居住地區、學歷，凡中華民國國民皆可參加；主題限以中和市、永和市的人、事、物及風土民情爲抒寫對象	散文、詩

〔註19〕　下表所羅列的「參賽資格與作品主題」乃以「文學創作獎」的徵選類別爲主，另有其他類別則不列入，如南投縣玉山文學獎徵選的類別有：文學貢獻獎、文學創作獎，本表則只選取文學創作獎的部分。

8	枋橋藝文獎	板橋市公所	設籍於板橋或就讀於板橋之學生；各類主題不限，請參加者自由發揮。	短篇小說、散文、新詩、童詩
9	桃園縣文藝創作獎	桃園縣政府	本國國民均可參加，撰寫以桃園縣風土民情特色爲主題，呈現在地動人的情懷。	大專及成人組；青春少年組。
10	桃園縣兒童文學獎	桃園縣政府	本縣各級學校教師及設籍本縣或在本縣工作、就學者；本縣 100 學年度國小在學學生。	童詩、童話故事、少年小說；國小學生散文低、中、高年級組。
11	吳濁流文藝獎	新竹縣政府	凡本國國民及海外人士均可參加（需以「中文」寫作）。	現代詩、散文
12	竹塹文學獎	新竹市政府	除書寫風城之篇章外，開放在地人不限主題自由創作。	現代詩、散文短篇小說、兒童詩、青春散文
13	夢花文學獎	苗栗縣政府	設籍本縣人士或在本縣居住、就學及就業者，作品主題不限；作品內容是書寫苗栗縣人文風土民情地景者，不限資格。作品必須是中文（包含母語）。	新詩、散文、報導文學、短篇小說、母語文學（含閩南語、客家語、原住民族語等）、小夢花兒童詩、青春夢花散文
14	中縣文學獎	臺中縣文化局	本籍臺中縣、曾設籍臺中縣一年以上者、曾於臺中縣就學、服務一年以上者、目前於臺中縣就學、服務、居住者、參加報導文學類者不受以上資格限制。	短篇小說、散文、新詩、報導文學
15	大墩文學獎	臺中市政府	無國籍、居住地等限制，惟須以中文寫作；除了報導文學作品需以臺中市的人文、歷史、地理、風俗民情爲題材外，其餘 4 類皆不限題材	新詩、散文、小說、童話及報導文學
16	礦溪文學獎	彰化縣政府	文學創作獎：本籍彰化縣、曾於彰化縣就學、工作 1 年以上者、目前於彰化縣就學、工作者（符合其中一項即可）；報導文學類作品內容只要是書寫彰化縣風土民情者，不限資格。	新詩、散文、短篇小說、報導文學
17	玉山文學獎	南投縣政府	本國國民均可參加；作品內容須以描述南投縣風土民情爲題材。	新詩、散文、短篇小說、古典詩
18	雲林文化藝術獎	雲林縣政府	本籍、設籍、就業或就學於雲林縣之民眾。	文學獎：新詩類、散文類、短篇小說類、報導文學類
19	南瀛文學獎	臺南縣政府	創作獎：本籍或出生地臺南縣者；曾經或目前就業、就學、設籍臺南縣者，並持有證明。長篇小說獎、劇本獎：具有中華民國國籍身分者均可參加，須以華文撰寫，題材不限，以臺南縣風土民情爲題材尤佳。文學部落格獎：不限國籍，於須以華文撰寫，以書寫臺南縣風物（如文化資產、鄉土風情、街道、人物、生活雜感…等）爲題材。	現代詩、古典詩、散文、短篇小說、兒童文學（童詩故事、童話、寓言）

20	府城文學獎	臺南市政府	設籍臺南市者；曾於臺南市就讀、工作者；臺語文學、臺語兒童繪本不限定資格。	現代詩、散文、短篇小說、臺語兒童繪本、臺語文學（散文）
21	鳳邑文學獎（2011 年縣市合併更名為打狗鳳邑文學獎）	高雄縣政府	本縣居民或曾設籍、就讀及服務於本縣者；作品反映高雄縣風土人情者。「2011 打狗鳳邑文學獎」徵稿辦法更改為凡中華民國國籍者皆可參加，寫作主題不限。且於今年首度加入臺語文學類徵件。	長篇小說；短篇小說、新詩及散文、臺語文學新詩
22	Takau 打狗文學獎	高雄市政府	具有中華民國國籍者，惟高雄市政府文化局同仁（含所屬、替代役）及承辦單位同仁不得參加；不限寫作主題	短篇小說、散文、新詩、電影劇本
23	高雄文學創作獎助計畫	高雄市政府文化局	凡愛好文學創作及文史工作者皆可參加；以縣市合併後大高雄的風土人情為素材，包括：人文巷弄新市景、漁港灣景風華寫真、那段花海與百工情事、唱一首思想起、漫漫傳藝經傳采風、消失／變遷中的文化資產、在地好滋味，生活好食在、城市萬花繽紛。	新詩、散文、小說、圖文、報導文學等形式創作，中文或臺語文書寫均可。
24	大武山文學獎	屏東縣政府	凡本國國民均可參加；外縣市籍民眾，作品需反映出屏東縣特色、人文、風土民情者；本縣縣民或服務本縣及就讀本縣學生作品題材不限	新詩、散文、短篇小說、報導文學
25	蘭陽文學獎	宜蘭縣政府	具有中華民國國籍身分者；能表現蘭陽風土民情特色之文學作品（歌仔戲劇本除外）。	散文、新詩、童話、歌仔戲劇本
26	花蓮文學獎	花蓮縣政府	本籍（或設籍）花蓮縣，或在本縣居住、就學、就業者，作品題材不拘；作品內容為反映花蓮縣風土民情者，則不限資格；書寫原住民：作品內容須與花蓮原住民有關，參加者不限族群或籍貫。	新詩類、散文類、書寫原住民
27	菊島文學獎	澎湖縣政府文化局	凡本國國民均可參加；須與澎湖歷史人文、自然景觀、生活紀事相關。	社會組：現代詩、散文、短篇小說；青少年組：現代詩、散文。
28	浯島文學獎	金門縣文化局	凡中華民國國民皆可參加；內容須與金門有關。	散文、小說、新詩
29	馬祖文學獎	連江縣政府	一般大眾均可參加，各類別皆須以中文撰寫，作品須為與馬祖文化相關的生活印象、遊歷心得、島嶼感想、家鄉故事等之文學表現。	散文、現代詩、故事書寫

　　地方文學獎是採用頒發獎章（或獎牌）與獎金，來吸引創作者追逐榮耀與競利，也是地方政府利用徵選的方式，強調地域性與鄉／本土化的一種文

藝政策。然而，地方性文學獎的徵件的量與質，往往不如全國性文學獎動輒上千件，因此在徵選簡章上會因時而修改，放寬參賽對象，希望提高徵件的質與量，不過爲了凸顯地域特色，在徵選的主題上也會有所限制。從上表有三點發現：

其一，各地方縣市政府運用文學獎這個文藝政策達到行銷觀光之實。吳晟在第七屆磺溪文學獎的評審總報告中說：「這一屆和歷屆參賽稿件比較起來，並不是特別踴躍，也沒有較突出的作品，但還能維持磺溪文學獎，歷屆以來一貫的水平。」〔註 20〕地方文學獎由於徵件量太少，於是許多縣市便放寬徵選對象。讓全國人民一同參與，來提高徵件量與質。然而爲了兼顧各縣市的在地文化特色，便會將徵文主題內容限制在書寫與當地人文、地理、歷史、風土民情特色等有關。以促使全國民眾藉由文學創作而深入認識當地的地方特色，以凝聚眾人的關懷與認同。如魏德盛導演主導的「賽德克巴萊」，在威尼斯首展大放異彩，讓全世界的人認識到臺灣賽德克巴萊一族的人文、風土民情，更認識臺灣艱辛的奮鬥史。

因此，各地方縣市政府便會藉文學獎徵選活動，達到行銷促進觀光的目的。例如南投縣的玉山文學獎創辦的宗旨：爲推展本縣文學創作之多元性，鼓勵報導文學及地方文學創作之特色，讓全國人士提筆寫南投，促使全國民眾關心南投，並深化探討旅行之品質及內涵，特舉辦本文學獎。如澎湖菊島文學獎亦是如此，其設立宗旨爲：發揚本縣文化，提倡地方文學創作，培養後起之秀。促使全國民眾關注澎湖，將澎湖自然人文景觀及風土民情，以文字創作的方式呈現。讓文學結合文化觀光，特辦理本文學獎。又如金門浯島文學獎宗旨爲推展本縣文化與觀光，藉由全民書寫，展現金門地區人文特質與文化采風，讓全民在文學中與金門交會，特舉辦浯島文學獎。

其二，不限中文書寫，母語亦納入文學獎徵選文類。臺灣的族群種類多，相對的所使用的語言亦相當複雜。黃鶴仁〈臺灣的地方文學獎——以九十四年的文學獎爲主〉說：「地方文學獎是本土文學運動所訴求鄉土的實踐，同時也是落實本土文學具體而微的方法。」〔註 21〕臺灣戒嚴解除促使臺灣鄉／本

〔註 20〕陳慶芳總編輯，《第七屆磺溪文學獎得獎作品專輯》（彰化：彰化文化局，2005），頁 8。

〔註 21〕黃鶴仁，〈臺灣的地方文學獎——以九十四年的文學獎爲主〉，《東吳中文研究集刊》14 期（2007.6），頁 214。

土文學的覺醒，自時序進入九〇年代，隨之而政治民主化自由化、社會開放、經濟繁榮，文學也趨向多元化，各種議題受到討論與重視，如臺灣文學的社會定位等。到了 2000 年民進黨獲得中央執政權後，鄉／本土意識更加受到重視，文學獎也因應時代潮流，在許多縣市也陸續增設臺語文學獎，或作品須中文包含臺語，如「「2011 打狗鳳邑文學獎」、「夢花文學獎」、「府城文學獎」等。

其三，地方文學獎促使了在地特色的地方文學盛行，筆者爬梳 1996 年至 2009 年臺灣文學年鑑，發現地方文學獎的數量從 4 個增加為 31 個，且舉辦單位不斷的向下發展，從原先各縣市政府、文化局，到現今的鄉鎮市公所也開始主辦文學獎，甚至其他民間單位如基金會。透過文學作品，讀者可以認識各地方因自然與人文不同而展現相異的面貌。因此，各縣市政府便透過文學獎設立的文藝政策，達到行銷觀光之實，間接的促使地方文學之風行。

筆者爬梳「林榮三文學獎」、「文建會臺灣文學獎」為研究對象的全國性文學獎中，發現有 2 篇書寫賴和而獲獎的詩作品，分別是解昆樺〈在囚獄中獲致潔淨的光〉（2002 年文建會臺灣文學獎首獎）、李進文〈潛入獄中記〉（2005 年林榮三文學獎首獎）。爬梳各縣市政府所舉辦的文學獎為研究範圍的地方文學獎中發現，彰化的磺溪文學獎有 3 篇書寫賴和而得獎的詩作品，分別是施俊州〈賴和心經〉（2002 年磺溪文學獎獲選作品）、徐文遠〈聽診〉（2002 年磺溪文學獎獲選作品）、洪崇傑〈稱仔的彼端——致賴和〉（2005 年磺溪文學獎獲選作品）。〔註22〕從獲獎的年份可以發現都是在 2002 年與 2005 年，為何在這兩年就錄取了 5 篇書寫「賴和」的作品？正如侯伯・埃斯卡皮（Robert Escarpit）《文學社會學》所言

> 班底的汰換更新，每每與政治情勢的緩和相呼應，所謂的班底就是只包含了所有年齡層的作家群，這樣的作家群往往在某些事件中把持輿論，而且有意無意間阻撓通路，壓得新血輪不能嶄露頭角。什麼樣的事件會引發或促成這一批批的「班底」呢？無非是人物、權勢改弦易轍的政治事件。〔註23〕

在戒嚴時期，賴和曾經遭誣告而移出忠烈祠，當時談論賴和被視為一種禁忌，所有與賴和有關的事蹟與作品，便湮滅於歷史塵土中。許多受教育的知識份

〔註22〕獲獎作品詳見附錄一：全國與地方詩獎獲獎作品歷年簡史。
〔註23〕侯伯・埃斯卡皮（Robert Escarpit）著；葉淑燕譯，《文學社會學》（臺北：遠流，1990），頁 46～47。

子並不知道，臺灣文學史上有賴和這一位偉大的作家。直到賴和冤屈平反，重新移入忠烈祠，討論賴和的人逐漸增多，賴和才漸漸為臺灣人重新認識。

2000 年這一年政治史上發生了一件重大變革——政黨輪替。民進黨進入中央執政，2004 年又繼續連任執政。在民進黨重視臺灣鄉／本土教育下，推行許多教育政策，如實施母語教學等。而與政治情勢相呼應的文學，鄉／本土化、在地化的文學也風起雲湧，為文壇刮起一股旋風。各文學獎的評審委員，在評選時的審核視角，也多了不同的選擇。

全國性文學獎每年參賽的作品如此多，能從中脫穎而出，除了作品具有一定的藝術水準之外，評審的審決也是一個重要關鍵，而評審審決又受主辦單位設獎宗旨的影響。正如向陽〈海上的波浪——小論文學獎與文學發展的關聯〉所說：「設立文學獎得權力痕跡下來，在紹承意識形態的運作之下，文學獎也進一步有意無意地產生建構或再現（representation）文學典範的權利施為。」〔註 24〕地方性文學獎作品的主題內容與當地的人文、歷史、地理、風土民情有關，所以礦溪文學獎決選 3 篇書寫「賴和」的詩作品，除了符合地方文學的條件，〔註 25〕也達到了透過文學獎的權利運作，建構或再現賴和的文學典範。因此，在下一節，筆者將探討哪些文學獎入選書寫賴和的作品？而這些文學獎創辦的宗旨與其特色為何？

第二節　臺灣文學獎中的「賴和」書寫

一、文建會臺灣文學獎

《文學臺灣》是在《文學界》停刊後，由《文學界》的班底與學術界清大陳萬益、呂興昌，淡大施淑、陳明台，臺大吳潛誠，成大林瑞明等，和小說家鄭清文、李喬、楊照、吳錦發，詩人李敏勇、李魁賢、張恆豪等，因基於對臺灣文學的使命感與信念，聯合籌謀規劃，終於在 1991 年 12 月 25 日以「文學臺灣」之名，正式創刊。〔註 26〕

〔註 24〕向陽，〈海上的波浪——小論文學獎與文學發展的關聯〉，《文訊》218 期（2003.12），頁 38。

〔註 25〕黃鶴仁，〈臺灣的地方文學獎——以九十四年的文學獎為主〉，《東吳中文研究集刊》14 期（2007.6），頁 212。地方文學獎用徵選的方式強調地域性與本土化，也可視為一種文藝政策。

〔註 26〕林慧敏，〈從《文學界》到《文學臺灣》〉，《屏東教育大學學報》25 期（2006.9），頁 299。

　　林慧敏〈從《文學界》到《文學臺灣》〉曾指出：「《文學臺灣》創辦的理念乃是希望以文學的力量來推動臺灣文學化，期待建立以臺灣爲主體，立足臺灣的土地和人民間的文學觀。」〔註27〕但文學是否永續存在，關鍵在於文學本身質與量的提昇與否。於是《文學臺灣》希望創辦文學獎以實質的鼓勵與榮耀加身的方式，鼓舞喜愛創作的臺灣人民，全民一起來創作，讓臺灣文學如活泉般永不停歇的噴湧下去。

　　一九九○年代的臺灣社會雖已解除戒嚴、報禁等，但文化霸權初期仍是存在的，官方所舉辦的文學獎並不以臺灣之名來命名。《文學臺灣》有鑒於此，就自己出錢出力來辦一個臺灣道地的文學獎，並將文學獎名之爲「臺灣文學獎」。於 1997 年創辦，舉行五屆後，2002 年接受行政院文化建設委員會委託承辦，文學獎就冠上「文建會」，於是更名爲「文建會臺灣文學獎」，到了 2005年後則由臺灣文學館接辦。

　　《文學臺灣》是屬於財團法人文學臺灣基金會，基金會成立的宗旨是促進臺灣文學及文化的發展。正如張俐璇《兩大報文學獎與臺灣文學生態之形構》所說：「與《臺灣文藝》相較之下，本土文學立場較堅定。」〔註28〕《文學臺灣》亦是屬於鄉／本土文學立場較爲堅定。2002 年的「臺灣文學獎」徵文獎項有「短篇小說」、「新詩」、「童話」三種，每一個獎項有九個獎額，共有二十七位作品獲得殊榮。

　　文建會臺灣文學獎徵稿期限內，「短篇小說」的投稿作品有二百十四篇，「童話」的投稿作品有二百四十篇投稿，新詩類的投稿作品有四百五十一件。新詩類的投稿作品件數，是徵文獎項中最多的一類。但每一個獎項只有九個獎額，所以只能入選九篇，其競爭之激烈是不言可喻。想要脫穎而出，在題材的選擇與寫作的品味與意識形態，都得慎加思考。就如向陽〈海上的波浪──小論文學獎與文學發展的關聯〉所說：

　　　　文學獎具有建構、強化以及擴增文學班底的作用，……，得獎者除
　　　　了必須具備文學書寫技能之外，他的文學風格、品味和意識型態基
　　　　本上也大抵必須符合該獎項及評審的文學風格、品味和意識型態。

〔註27〕　林慧敏，〈從《文學界》到《文學臺灣》〉，《屏東教育大學學報》25 期（2006.9），
　　　　頁 301。
〔註28〕　張俐璇著，《兩大報文學獎與臺灣文學生態之形構》（臺南：南市圖，2010），
　　　　頁 99。

這兩者關聯性越高，獲得文學獎授與的可能性就越大，獲得評定的
等級越高。〔註29〕

2002 年文建會臺灣文學獎新詩首獎，正是書寫賴和的精神與遭遇，而獲殊榮
的解昆樺〈在囚獄中獲致潔淨的光〉。除了寫作技巧與美學觀獲得評審青睞之
外，解昆樺的文學風格、品味和意識型態〔註 30〕必然與授獎機構和評審有極
高的關聯性，而能獲得認同。

　　從其決審過程中，可以窺知一二。首先由各評審發表感想後，進行第一
次投票，每位決審委員圈選九位，結果解昆樺〈在囚獄中獲致潔淨的光〉獲
得第二高票三票，首輪投票即進入不分名次的九篇名額。第二次針對這九篇
投票給分，選出心目中第一名的一位名額給 4 分，第二名的二位名額給 3 分，
第三名與佳作的各三位名額給 2 分。第二次投票結果，解昆樺〈在囚獄中獲
致潔淨的光〉獲得 12 分（決審委員評分情形：向明 2 分，李魁賢 3 分，葉笛
3 分，李敏勇 1 分，白荻 3 分）暫居第 4 高票。

　　第三次再針對 10 分以上的四篇進行討論，選出心目中的第一名、第二名。
每位決審委員分別對作品說出看法，其中對解昆樺〈在囚獄中獲致潔淨的光〉
提出感想的有，李魁賢說：「最近詩寫人物的較少，可能比較難寫，這首寫賴
和的詩，是寫他的精神、他的遭遇，我覺得寫得不錯」。〔註31〕向明說：「這
一篇寫得非常好，這一篇應該不是第一名就是第二名」。〔註32〕李敏勇也說：
「寫得非常實際」。〔註33〕之後，進行第三次投票評選，選出首獎一名，評審
獎二名。第三次投票結果解昆樺〈在囚獄中獲致潔淨的光〉獲得四票（白、
葉、向、魁），果眞脫穎而出，榮獲首獎。〔註34〕

〔註29〕　向陽，〈海上的波浪──小論文學獎與文學發展的關聯〉，《文訊》218 期
　　　　（2003.12），頁 39。
〔註30〕　尚・塞爾維爾（J. Servier）著：吳永昌譯，《意識型態》（臺北：遠流，1989），
　　　　頁 5。所謂「意識型態」就是一種思想體系，如哲學、宗教、尤其倫理與政治
　　　　理論；它也可以成爲社會哲學或政治哲學，其用意是在解釋世界並改造世界。
　　　　它起源於法國哲學家孔迪亞克（Condillac，1715～1780）所著的《感覺論》，
　　　　認爲人的全部知識都是轉換了的感覺，任何其他原則都受到排斥。
〔註31〕　彭瑞金主編，《文建會臺灣文學獎得獎作品集》（臺北：文建會，2002），頁 40。
〔註32〕　彭瑞金主編，《文建會臺灣文學獎得獎作品集》（臺北：文建會，2002），頁 41。
〔註33〕　彭瑞金主編，《文建會臺灣文學獎得獎作品集》（臺北：文建會，2002），頁 42。
〔註34〕　以上有關三次評審的過程，皆參考彭瑞金主編，《文建會臺灣文學獎得獎作品
　　　　集》（臺北：文建會，2002），頁 33～44。

二、林榮三文學獎

臺灣三大報之一《自由時報》的創辦人是林榮三，他的辦報理念是「臺灣第一，自由優先」。林榮三一直默默關懷社會，認為臺灣的經濟已逐漸起飛，民眾的精神文明與文化道德也應隨之提升。但事實上並沒有同步改進，於是在 1992 年提撥三億資金成立財團法人林榮三文化公益基金會，推動文化學術研究。積極參與社會文化建設如舉辦社會文教公益活動、獎助優良創作與促進學術交流等。

林榮三文化公益基金會的董事們主張要設立一個文學獎，希望在文學式微的時代，可以為文壇注入一股新動力。同時給予臺灣的寫作者，一個實質的鼓勵與肯定，榮耀作者。以激發寫作熱情，為臺灣留下美好的文學作品，為文學環境貢獻一份力量。〔註35〕於是在 2002 年創辦第一屆林榮三文學獎，透過新聞媒體的力量，將文學獎的訊息散播出去。果不其然引起熱烈的討論與參與，共有三千七百一十五件作品參賽。足見，一個具有指標性的獎勵性質的文學獎，是能吸引創作者發表的慾望。

2002 年第一屆林榮三文學獎，共有三千七百一十五件作品參賽。短篇小說六百六十五件，散文六百六十五件，小品文一千一百四十一件，新詩投稿一千二百二十二件。收件件數打破幾十年來，臺灣各類型文學獎的收件紀錄。得獎的作家，以青壯的中生代為主。

新詩類就有一千二百二十二件，能從中脫穎而出得獎是一種極高度的獎勵。經過初審委員分別是羅任玲、鯨向海、顏艾琳、楊宗翰、陳大為與沈花末六位，針對這次新詩作品歸結出一個特殊現象，這次的參賽作品風格多樣，有抒情題材、歷史敘事、鄉土關懷至異國風皆有。最後，六位評審選出六十篇進入複審。

複審委員有朵思、陳克華、陳黎、零雨、蘇紹連五位，嚴選出十四首。先由五位複審委員選出心目中值得進入決選的十五篇，獲得三票以上的共有九篇，經逐篇討論後，一致認為皆可進入決選。接著從獲得二票的九篇，進行討論，有給票的評審各自己提出堅持的理由，一番表述論辯後，脫穎而出的五票進入決選。

〔註35〕李進文等著，《第一屆林榮三文學獎得獎作品集》（臺北：林榮三文化公益基金會，2005），頁 4。

　　嚴選出的十四首，再由向陽、余光中、李魁賢、楊牧、鄭愁予等五位詩壇前輩進行決選。先由每位決審委員，講述自己個人評選的標準，及對此次作品的整體觀感。再進行第一輪投票，每人以不計分的方式，從入圍的十四首詩中，圈選出自己認爲最優秀的五篇。結果李進文的〈潛入獄中記〉獲得四票（向陽、余光中、李魁賢、楊牧），居第一高票。

　　經過逐篇討論後，評審們進行第二次投票，以分數計，票選出自己心目中的前三名。第一名給三分，第二名給二分，第三名給一分。投票統計結果，李進文的〈潛入獄中記〉獲得十二分（余光中三分、鄭愁予三分、李魁賢三分、向陽三分）。最後，經所有評審委員同意通過，李進文的〈潛入獄中記〉獲得新詩獎第一名。〔註36〕

三、磺溪文學獎

　　彰化縣的古地名爲「半線」，又叫「磺溪」。據說清朝時期郁永河奉命自福州到臺灣來採硫磺。他於康熙三十六年（1697 年）4 月抵達臺南，然後沿著陸路北上。他途經西螺溪、東螺溪（現稱舊濁水溪），往北到大甲溪，發現濁水溪、大甲溪一帶，溪流中的大小石頭與溪水均呈現硫磺色。在當時的臺灣，濁水溪以北尚未開發，是屬於諸羅縣管轄，並無任何名稱，於是郁永河就取名爲「磺溪」。後來彰化文人雅士非常喜愛「磺溪」這個名字，於是將它留存下來。

　　彰化文學獎爲何定名爲「磺溪文學獎」？主要是要傳承、延續彰化地區的人文精神與地方性格──磺溪精神。何謂「磺溪精神」？如康原《尋找彰化平原》所說：「抗議不公不義是作家的天職」的精神，是一脈相承的臺灣文學傳統，也是磺溪精神的充分顯示，彰化的文學家不僅創作，更身體力行實現其文學信念，用身體與心靈寫作時代的歷史。」〔註37〕反抗不公不義的英勇事蹟，永遠是彰化子孫的典範。

　　從早期的開疆闢土不畏困難的精神，清朝時期的抗清運動如林爽文事件、戴潮春事件等。及日治時期的八卦山之役，到以文化爲抵抗的主力。由新文學作家如賴和、陳虛谷、楊守愚、王敏川等知識份子，主張反帝、反封

〔註36〕以上有關初審、複審與決審的過程皆參考，李進等著，《第一屆林榮三文學獎得獎作品集》（臺北：林榮三文化公益基金會，2005），頁 196～216。

〔註37〕康原著，《尋找彰化平原》（臺北：常民文化，1998），頁 24。

建、反殖民的社會運動。對臺灣民眾進行文化啓蒙,並用橡筆反映時局、同情低層民眾的勞苦、批評時政。

　　康原《尋找彰化平原》又說:「使文化成爲抗暴的主力,是彰化文學的傳統;批判與抗議,成爲彰化文化的性格。」〔註38〕而這些不管是武力還是文化方面的抵抗,正是流露出彰化人那種爲正義與公理的礦溪精神,也是彰化傳統歷史上一脈相承的風格與美德。誠如彰化前縣長阮剛猛《第一屆礦溪文學獎得獎作品專輯》序中所說:

> 將彰化文學獎定名爲「礦溪文學獎」,主要希望能發揮傳統的人文精
> 神;以確定人生的意義與價值,喚起民眾去維護人性尊嚴,爭取人
> 權平等。進而鼓勵文學創作,改善藝文環境,提高生活品質,使成
> 爲一個富而有禮的安和樂利的社會。〔註39〕

於是,將彰化文學獎取名爲礦溪文學獎。意喻著希望民眾能繼續傳承先人悲憫的人道精神,重視公理與正義。鼓勵文學創作,提高縣民人文素質。

　　彰化縣文化中心在 1998 年舉辦第一屆礦溪文學獎,第一名獎金高達十萬元(第四屆之後,新詩、散文、小說類不分名次均取五名。到十三屆再度分名次,新詩類取首獎 1 名,獎金 5 萬元及獎座 1 座。優選 6 名,各得獎金 3 萬元及獎座 1 座。)。創辦宗旨爲蒐集本縣文學資料,提升本縣文學創作水準,獎勵優良文學創作,改善藝文環境,進而推廣文學閱覽風氣。因此限制參加對象,需本籍或曾經設籍及現在(居住、服務)於彰化縣六個月以上的作家才可參加。

　　賴和是彰化人,又是臺灣新文學之父,書寫賴和的生平事蹟,是極爲符合彰化文學獎創設的精神,對創作者而言,獲獎的機率較高,如 2002 年就入選 2 篇。而對評審與主辦單位而言,除了讓賴和的文學精神再度喚醒彰化人的記憶,也讓賴和的文學更加經典化,成爲年輕一輩作家的學習典模。

　　2002 年是礦溪文學獎邁入第四屆,這一年投稿的文學作品達一百六十多件。新詩類有六十件作品,散文有五十六篇,小說有二十五篇,報導文學十六篇。以新詩的作品水準而言,決審老師渡也先生認爲,可以媲美兩大報文學獎。

〔註38〕　康原著,《尋找彰化平原》(臺北:常民文化,1998),頁 30。
〔註39〕　吳音寧等著,《第一屆礦溪文學獎得獎作品專輯》(彰化:彰化縣立文化中心,
　　　　　1999),頁 3。

　　經由渡也、蕭蕭、路寒袖三位評審商量、溝通，採不分名次的方式，愼選出前五名優秀的作品。討論過程相當平和沒有激辯情形，可見評審彼此有共識。筆者發現這一屆竟有二篇是以賴和的生平事蹟爲題材而獲獎，分別是施俊州〈賴和心經〉與徐文遠〈聽診〉。足見，賴和對現代作家的影響力之大，以及其文學地位之重要，可見一斑。

　　其一是，施俊州〈賴和心經〉，以後現代手法，透過仿擬、拼貼、灰諧等方式，再融入心經，來書寫賴和的一生。手法奇特，令三位評審拍案叫絕而獲得青睞。

　　其二是，徐文遠〈聽診〉，也是以後現代的手法，夢中與現實（虛與實）交錯，散文化的現代詩，用語淺白、灰諧、誇張，新鮮逗趣，讓人留下深刻印象。〔註40〕

　　最後第三篇是 2005 年第七屆磺溪文學獎洪崇傑〈稱仔的筆端——致賴和〉。這一年新詩類共有五十五件作品投稿角逐，由岩上與路寒袖二位評審，初審時先圈選出自己心目中優秀作品五篇左右，再進行第二輪的討論。洪崇傑〈稱仔的筆端——致賴和〉在第一輪就獲得兩位作家青睞，雀屏中選，爲最早入選者。〔註41〕洪崇傑〈稱仔的筆端——致賴和〉是以賴和的反殖民、反封建爲臺灣奮鬥犧牲的精神爲書寫題材，作爲洪崇傑欲傳續先人意志的詩思，獲得青睞而入選。可見，洪崇傑除了具備文學書寫技能之外，他的文學風格、品味和意識型態基本上也符合該獎項及評審的文學風格、品味和意識型態。

　　洪崇傑〈稱仔的筆端——致賴和〉是一首以隱喻的技巧，將賴和比做一條溪流，透過我這個第一人稱——獨木舟，載著賴和你反抗的精神，繼續航行下去，透過創作，繼續爲社會來表達、陳述不公不義之事。

小　結

　　施懿琳《臺灣文學百年顯影》說：「影響文學創作的言論自由保障，隨著政治民主化、自由化的腳步，漸趨多元。臺灣文學研究的風氣也漸漸開啓，

〔註40〕　以上有關決審的過程，皆參考吳音寧等著，《第一屆磺溪文學獎得獎作品專輯》（彰化：彰化縣立文化中心，1999），頁 15～16。
〔註41〕　陳慶芳總編輯，《第七屆磺溪文學獎得獎作品專輯》（彰化：彰化文化局，2005），頁 24～25。

八〇年代本土化的成果逐漸呈顯出來，呈現一片文學復甦的景象。」〔註 42〕
2000 年至 2008 年是由民進黨入主中央執政，這八年臺灣無論是政治、社會、
甚至是教育方面都有極大的變革，「鄉／本土化」逐漸呈顯出來。足見，文學
發展方向與政治、社會之間有極為顯著的關係。

　　向陽〈海上的波浪——小論文學獎與文學發展的關聯〉說：「文學獎的設
立有意無異地產生建構或再現（representation）文學典範的權力施為。」〔註
43〕透過獎項的授予來肯定某種書寫典範的權力運作，不管是授獎機構與評
審，在這文學競技場中運用影響力來鞏固某種意識形態。或是參賽者為迎合
評審的口味而採取的某種書寫策略，都反映了得獎當年的社會潮流。

　　一九八〇年代以後臺灣社會處在一種甦醒的狀態，隨著時代潮流所趨，
政治上的民主法治化，使臺灣文學落實於臺灣的土地與現實。2000 年～2008
年，民進黨入主中央執政，民進黨執政者重視鄉／本土文化教育。在這樣的
時代氛圍下，促使鄉／本土意識的文學風潮，給予文學獎評審委員較多元的
審核視角，也因而影響了文學創作者的書寫題材與風格。可見，時代的氛圍
足以左右文學獎對文學發展的影響力。文學獎會隨時代風向球轉動而變，且
直接影響著文學發展的潮流。

　　筆者在爬梳賴和生平時，賴和是一位漢族意識濃厚的文學創作家，他意
識到用民間文學與民間語言來啟蒙民眾，用以抵抗異族統治者的文化，由此
可知賴和是具有傾向鄉／本土主義的思想。而書寫賴和得獎的作品，從這五
篇得獎作品的區域性來看，地方性文學獎三篇，全國性文學獎二篇。由此可
以探知，不管是地方性或全國性，創作題材的選擇趨向鄉／本土化。從這五
篇得獎作品的年份來看，2002 年共有三篇，2005 年也有二篇，由此可以探知，
文學創作潮流走向鄉／本土化的轉變。筆者透過文學獎機制，探討、分析書
寫賴和的詩作品中，發現臺灣文學獎機制再現賴和，可顯露臺灣文學漸趨鄉
／本土化的走向。

　　這五篇書寫賴和獲獎作品的創作題材，有三篇是以賴和〈獄中日記〉為
題材，有解昆樺〈在囚獄中獲致潔淨的光〉（2002 年文建會臺灣文學獎首獎）、
李進文〈潛入獄中記〉（2005 年林榮三文學獎首獎）、施俊州〈賴和心經〉（2002

〔註42〕 施懿琳等著，《臺灣文學百年顯影》（臺北：玉山社，2003），頁 212。
〔註43〕 向陽，〈海上的波浪——小論文學獎與文學發展的關聯〉，《文訊》218 期
　　　　（2003.12），頁 38。

年礦溪文學獎獲選作品），一篇是從醫者賴和治病的角度，凸顯臺灣社會的問題，有徐文遠〈聽診〉（2002 年礦溪文學獎獲選作品）。最後一篇，是以賴和的作品〈一桿稱仔〉〈難國哀歌〉為題材，有洪崇傑〈稱仔的彼端——致賴和〉（2005 年礦溪文學獎獲選作品）。筆者於下一章節，依序將上述得獎的五篇作品進一步分析、探討，現代作家是如何呈現賴和？呈現的是怎樣一個賴和？

第四章　文學獎得獎作家與作品分析

> 詩，詩人的目標，不但在感動目前的讀者，同時也要感動以後的世
> 代，使作品達到永恆的境界。詩人想要感動目前的讀者，或許只要
> 用「眼前的題材」即可；然而如欲感動以後的世代，那非得靠「生
> 動的藝術」不可。〔註1〕

　　1922 年賴和展開書寫，書寫很多文學作品，用文學再現日治時期的臺灣。如今在戰後的我們除了用「文學研究」的方式去再現賴和之外，如林瑞明、梁景峰的研究。據筆者考察確實另有「文學創作」的方式，呈現出不同於「文學研究」的賴和形象。文學研究者還原了歷史的賴和，而文學創作者感於賴和為臺灣貧苦百姓所作的奉獻，將感情化為文字傳達出來，呈現另一種文學的賴和。

　　據筆者蒐羅而至的文學獎新詩獎得獎作品中，以賴和生平事蹟及其作品為題材者，在全國性文學獎中有二篇，依其得獎時間順序分別為：一是解昆樺〈在囚獄中獲致潔淨的光〉（2002 年，榮獲文建會臺灣文學獎新詩獎首獎），二是李進文〈潛入獄中記〉（2005 年，榮獲第一屆林榮三文學獎新詩獎首獎）；在地方性文學獎中有三篇，依其時間順序，分別為：一是施俊州〈賴和心經〉（2002 年，磺溪文學獎獲選新詩獎），二是徐文遠〈聽診〉（2002 年，第四屆磺溪文學獎獲選新詩獎），三是洪崇傑〈稱仔的彼端——致賴和〉（2005 年，第七屆磺溪文學獎獲選新詩獎）。本章試圖透過得獎作品的分析，探知作家如何運用創作的技巧與藝術美學，在歷史文本與現實世界的辯證中，去呈現一個怎樣的賴和？

〔註 1〕羅青著，《詩的風向球》（臺北：爾雅出版社，1994），頁 137。

　　本章節筆者將分爲三個面向去分析作品，其一是「作者寫作背景探論」，其二是「內容與形式技巧的分析」，其三是「主題與知識脈絡分析」。涂公遂《文學概論》曾指出：「文學的發生，既不能脫離種族、環境與時代這三個背景，而文學的表現，也正是這三個背景的具體反映。」〔註 2〕文學創作家因種族、環境與時代的不同，而形成了不同的文學類型、風格與派別。因此，作品分析的第一部份，筆者從「作者寫作背景探論」，以了解作者的個性與人格不同，文學創作風格、寫作技巧也會隨之不同。

　　卡勒（Jonathan Culler）著；李平譯：《文學理論》說：「詩歌的隨心所欲性中包括了它對理論家自古典時代以來所謂的『崇高』的強烈追求：這是一種超越人類理解能力的關係，激發一種敬畏或強烈的情感，給說話人一種超越人類的感覺。不過這種超驗的熱烈追求是與修辭手段相聯繫的。」。〔註 3〕可見，透過修辭的聯繫，可以將作者強烈的情感表露出來。因此，作品分析的第二部份，筆者從「內容與形式技巧的分析」，來了解現代創作家，如何透過修辭技巧，將內心的情感表達出來。又說：「把一首詩作爲一個藝術整體去解讀，……，在某種層面上它們反映了我們時代的經驗。」。〔註 4〕可見，詩作品可以記錄歷史的種種。因此，作品分析的第三部份，筆者是從「主題與知識脈絡分析」，來了解文學創作者的創作詩思與精神。

第一節　全國性文學獎得獎作品分析

一、解昆樺〈在囚獄中獲致潔淨的光〉(2002 年文建會臺灣文學獎首獎)

（一）作者寫作背景探論

　　解昆樺，1977 年生，臺北縣新莊市人。國立臺灣師範大學國文學系博士，現任中興大學中國文學系助理教授。曾獲 2001 年教育部文藝創作獎三獎、吳濁流文藝獎新詩類佳作。2002 年教育部文藝創作獎二獎、文建會臺灣文學獎首獎、苗栗縣夢花文學獎首獎。2003 年中國新詩學會全國優秀青年詩人獎、

〔註 2〕涂公遂著，《文學概論》（臺北：五洲，1996），頁 183。
〔註 3〕卡勒（Jonathan Culler）著：李平譯，《文學理論》（香港：牛津，1998），頁 82。
〔註 4〕卡勒（Jonathan Culler）著：李平譯，《文學理論》（香港：牛津，1998），頁 85～87。

文建會現代文學研究獎、國家文化藝術基金會文學創作獎助。2005 年自由時報林榮三文學獎小品文獎。2006 年國家文化藝術基金會文學研究獎助等。

　　著作有《七○年代新興詩社及其核心詩人與詩刊訪查研究》、《青春構詩：七○年代新興詩社與 1950 年世代詩人的詩學建構策略》、《詩不安：七○年代臺灣新興詩社及詩人之精神動員與典律建制》、《臺灣現代詩典範的建構與推移—以創世紀詩社與笠詩社為觀察核心》、《心的隱喻—文學場域中知識份子的書寫意識》及編有《陌上塵勞工小說精選集》、《九年一貫國語科必備輔助教材》等書。〔註5〕

　　行政院文化建設委員會每年舉辦文學獎的目的，在於「鼓勵文學創作，推廣全民寫作」，以及推動臺灣文學向前走。2002 年的「臺灣文學獎」，訂有「短篇小說」、「新詩」、「童話」三類獎項，每類有九個獎額，共有二十七位得獎作品。徵稿件數短篇小說作品有 214 篇，童話作品有 240 篇，新詩作品有 451 件。參加的作家詩人，有高齡八十歲的知名作家，也有十五、六歲的中學生。得獎人有文壇新人，也有知名作家，有原住民作家，也有其他各族群的作家，足以發揮帶動全民寫作的設獎意義。

　　新詩作品合格件數有 443 篇，共有 34 篇進入決審。決審委員有鄭炯明，李敏勇、白荻、葉笛、向明、李魁賢。對於這屆作品的特色，決審委員提出自己的看法。李魁賢說：「這次的決審作品中並無突出的作品，雖題材較廣，但文字的掌握上問題很多，意象不集中，語言乾淨者占少數，結構較為鬆散。」。〔註6〕向明說：「決審作品水準整齊，但普遍敘事性太強、意象弱，散文句法多。」。〔註7〕白荻說：「呈現散文化的趨勢，且詩的焦點不集中、不清晰，語言表達不出來。」。〔註8〕葉笛說：「整體來看，社會性較強。」。〔註9〕各評審發表感想後，進行第一次投票，每位決審委員圈選九位，結果解昆樺〈在囚獄中獲致潔淨的光〉獲得第二高票三票。第二次針對這九篇投票給分，結果，解昆樺〈在囚獄中獲致潔淨的光〉獲得 12 分暫居第 4 高票。再經一番激烈討論，審慎評審後，第三輪投票選出首獎、評審獎與優選，結果解昆樺

〔註5〕國立中興大學中國文學系人員執掌，http://chinese.edu.tw/people/bio.php?PID=99，2011.9.19 參閱。

〔註6〕彭瑞金主編，《文建會臺灣文學獎得獎作品集》（臺北：文建會，2002），頁 33。

〔註7〕彭瑞金主編，《文建會臺灣文學獎得獎作品集》（臺北：文建會，2002），頁 33。

〔註8〕彭瑞金主編，《文建會臺灣文學獎得獎作品集》（臺北：文建會，2002），頁 34。

〔註9〕彭瑞金主編，《文建會臺灣文學獎得獎作品集》（臺北：文建會，2002），頁 34。

〈在囚獄中獲致潔淨的光〉脫穎而出榮獲首獎。〔註 10〕解昆樺〈在囚獄中獲致潔淨的光〉內容如下：

> 芬芬乾坤舉目非，此生拼與世相違——懶雲〈出獄歸家〉

> 鋼與燈撐起夜，我在子時暗室
> 與重新穿戴好本島衫與八字鬚的你
> 一同衝破那個在獄中日記裡
> 被蚊蚤、下痢與典獄長無度摧殘的自己
> 你曾被迫在衛生紙屑上將恐懼潦草而倉皇地
> 無盡小寫，只因你是在單向通行的殖民史中
> 唯一逆向飛行的雲朵
> 違背著風勢，在趕醫途中的人力車上
> 危危顫顫地
> 用文字描摹和平的風景
> 你一度將年少的自己養鬃在總督府醫學校
> 聽從持武士刀的軍醫在教室練習
> 繪畫自己一副副殘缺的器官
> 碧色的血都忘了流，島嶼的歷史下游沒有記憶
> 沒有根，在太平洋中甚至沒有自己的鰭
> 被迫囚禁在帝國主義的水族館
> 政治的風不左
> 不右
> 一昧向北，虎虎摧殘
> 我那被卸卻防風林的家園
> 島嶼吹散如拼圖，被殖民者強拼在軍靴下

> 你與所有人都曾搗著嘴、駝著背走過
> 日本軍警到處罰站的街頭
> 在你自己的彰化媽祖宮用聽診器
> 像順風耳般，聽竊所有在病人心房裡

〔註 10〕上述有關作品獲選的簡介，皆參考彭瑞金主編，《文建會臺灣文學獎得獎作品集》（臺北：文建會，2002），頁 1～44。

癱瘓的故事與詩歌
住滿秦得參、林先生、添福、阿金、莫那魯道……
你堅決帶他們走出情節與格律
到軍刀與警棍林立的廣場大膽遊行
在文藝欄一遍遍排版複刻中
把他們供奉在文壇

而殖民者自然也把你供奉入瘖啞的囚室
讓你學會像藤蔓自己尋找光與水
你摸索陰濕的囚室，如同摸索殖民者另一個
不堪的下體。你隔牆聽見幼稚園孩童
純潔的歌聲像精靈般地飛過，開始無端想起幼年
小逸堂朗朗明亮讀書聲——
木質窗櫺篩選潔淨的光鋪灑
你平敞的宣紙，那時彷彿已為你寫下了什麼
腦後髮辮如馬尾押韻般馳騁
在古典詩裡那遍地的江湖，你如此尾隨
感性而豪邁的踪跡，像無法被熨平的雲朵
在用一張又一張黑名單黏貼延續的殖民時代
逆向找到血液中的主流
有一天你終於攀爬到獄外
你逐漸獲致某種覺悟，擦拭心中明滅的燭火
以更壯盛的火炬隱喻堅貞意志
與一群土生的勇敢靈魂
在趕往「無力者大會」（註）的火車
不斷用力把頭顱伸向窗外
對準那只為你們訣別的照相機，儘管
風勢如秋天中明晃扣動的利剪
鋼與燈撐起夜，此刻因你，我想起一座島嶼的
骨骼與意志。

註：1924 年 7 月 3 日賴和與郭發等人參加文藝協會林獻堂、林幼春
　　的「無力者大會」，以對抗辜顯榮等人所發動的反對臺灣議會請
　　願的「有力者大會」。

（二）現代主義修辭呈現賴和歷史主體

解昆樺認爲在獄中的賴和是怯弱的，他徬徨的與過去的自己辯駁，甚至低聲下氣的向典獄長索求過牛奶與書籍，而這些行爲其實是人性本來就該有的，無須認爲可恥，而硬要塑造英勇不畏懼的賴和銅像，於是解昆樺透過文學的創作，希望能還原賴和原本所具有的那一份人性原具有的怯弱、肉體與尊嚴。〔註11〕

解昆樺擅長現代詩創作，他曾多次參加文學獎競賽獲得殊榮。這篇〈在囚獄中獲致潔淨的光〉是他就讀國立中正大學中國文學研究所時所創作的。不但詩想新穎不以歌功頌德的視角來寫賴和，而是以賴和最爲寫實一面的精神與遭遇來描繪，獲得評審委員的青睞而獲新詩獎首獎。

這首詩，以第一人稱「我」，來對第二人稱「你」敘述，成功的將解昆樺自己與作品中的賴和置放於同一空間，而打破了實境與虛擬的界限。除此之外，解昆樺還運用了許多寫作技巧，如譬喻（有明喻、暗喻、借喻）、倒敘、對比、歧異、象徵等，分述如下：

蕭蕭《現代詩學》說：「詩貴含蓄，因此，譬喻是形成詩意象最基本的正途。」。〔註12〕而譬喻是由「喻體」、「喻詞」、「喻依」所組成的，可分爲明喻、暗喻、略喻、借喻四種，而暗喻一直是現代詩人最喜歡使用的方法。所謂暗喻就是將「喻詞」改爲「繫詞」──「是」、「爲」、「乃」等字的譬喻。

> 無盡小寫，只因你是在單向通行的殖民史中
>
> 唯一逆向飛行的雲朵

這是用「暗喻」將賴和譬喻成一朵逆向飛行的雲，「你」是「喻體」，「是」是「繫詞」，「逆向飛行的雲朵」是「喻依」。雲是水氣混雜灰塵凝結在空中，雲隨風動，風一來，雲就被推著飄走。雲若逆向而飛，必然煙消雲散，消失得無影無蹤。日治時期臺灣民眾在日本殖民統治下，活得毫無人的尊嚴，於是賴和響應新文化運動來啓迪民智。除了參與社會運動外，還將民眾的現實生活的苦境，用橡筆將它記錄下來，爲人民發聲。如此自然會引發執政的日本統治者不滿，而遭致囚禁監獄的運命。在當時要對抗日本統治者，是需要極大的勇氣與不惜犧牲性命的覺悟。

〔註11〕 彭瑞金主編，《文建會臺灣文學獎得獎作品集》（臺北：文建會，2002），頁76。
〔註12〕 蕭蕭著，《現代詩學》（臺北：東大，2006），頁157。

　　此外，賴和是一位具有人道主義的醫生，被譽為「彰化媽祖」。貧窮百姓付不出醫藥費，在過年前他就將帳單一一燒掉，在當時當醫生的都相當富有，而同樣身為醫生的他卻於死後仍負債一萬多元，可見其人格之高超與偉大，就如同雲一般，高高在上，又潔白無瑕。因此，用「逆向飛行的雲朵」來譬喻是十分貼切、合理。

　　而這首詩除了暗喻之外，還用了不少明喻，將詩的意象表現出來。所謂明喻是指連接「喻體」和「喻依」的「喻詞」有如、彷彿、宛如、好像、似、如同、猶、好比、一樣、般等譬喻字都是。如：

> 我那被卸卻防風林的家園
>
> 島嶼吹散如拼圖，被殖民者強拼在軍靴下

意象是詩人將心中的「意」，透過有形的「象」，運用文字來表現。「拼圖」是有形的象，解昆樺將心中的「意」——島不斷被殖民的歷史轉化為「拼圖」這個「象」，讓讀者經由此象去掌握解昆樺心中「島」的意象。臺灣多次被不同異族所統治，就如同拼圖一般，是一幅被切割得四分五裂的圖，凡擁有強悍能力者都可以是完成拼圖成為贏家。同時也象徵著「拼圖」正是賴和這朵逆向的雲，被殖民統治者摧殘，吹散的如拼圖一般，體無完膚的被統治者強壓在軍靴下。又如：

> 在你自己的彰化媽祖宮用聽診器
>
> 像順風耳般，聽竊所有在病人心房裡

「你自己的彰化媽祖宮用聽診器」是「喻體」，「像」是「喻詞」，「順風耳」是「喻依」，解昆樺運用明喻的技巧，將賴和被彰化人譽為「彰化媽祖」的意象顯露無遺。一般醫生若欲進一步掌握病患的病情就得仰賴「聽診器」，而身為醫生的賴和，他不只用聽診器醫治貧苦病患有形的病痛，還用聽診器聽到貧苦百姓悲慘日子的哀號聲，正如「媽祖」透過「千里眼」與「順風耳」來掌握人間的疾苦在何處。賴和將其所觀、所聽化作文字，將貧窮百姓如何受到統治者的壓迫與欺凌，真實的記錄下來，不但藉以喚醒臺灣百姓的民族意識，也為臺灣歷史留下珍貴的一頁。又如：

> 腦後髮辮如馬尾押韻般馳騁
>
> 在古典詩裡那遍地的江湖，你如此尾隨
>
> 感性而豪邁的踪跡，像無法被熨平的雲朵
>
> 在用一張又一張黑名單黏貼延續的殖民時代
>
> 逆向找到血液中的主流

「髮辮如馬尾」，這是運用明喻，明顯說明賴和曾經留過長髮，賴和爲何留長髮呢？臺灣很多住民是在清朝時，從大陸移民來臺的漢族，當時漢族的男子皆留辮子。而賴和出生於臺灣割讓於日本的前一年（1894年），又接受過漢文化傳統教育，所以賴和一直到進公學校都認爲不留辮子就不像一個人，日本統治者沒有辮子，所以他們是非我族類，足見賴和漢族意識相當強烈。「感性而豪邁的踪跡」是爲喻體，「像」爲喻詞，「無法被熨平的雲朵」爲喻依，解昆樺欲顯露賴和不屈服於統治者的反抗精神之意象。正如賴和在 1923 年 12 月 16 日因治警事件而遭拘禁，使得他對日本殖民統治者有更深一層的體悟，決定與日本統治者劃清界線，並開始留鬍子，以告別先前的賴和。

解昆樺寫作的技巧相當高明，除了運用明喻、暗喻的技巧之外，還使用「借喻」、「借代」來創造強而有力的震撼效果。所謂「借喻」就是譬喻的「喻體」、「喻詞」、「喻依」三要素中，省略了「喻體」、「喻詞」，只存「喻依」的現象。另從「借喻」轉換爲「借代」，是現代詩人最喜歡運用的，因其可以造成更具爆炸性、更具震撼力的效果〔註13〕。如：

　　風勢如秋天中明晃扣動的利剪
　　鋼與燈撐起夜，此刻因你，我想起一座島嶼的
　　骨骼與意志。

「鋼與燈撐起夜」完整的形式應該是「你像鋼與燈撐起夜」，「你」是喻體，「像」是喻詞，都省略了。喻依「鋼與燈」喧賓奪主，代替了喻體的地位，強化了賴和「硬頸」如鋼鐵般不屈服的個性，與悲憫窮苦百姓的人道主義精神，如燈一樣照亮了黑夜，使人有安全感而不害怕。

「風勢如秋天中明晃扣動的利剪」這句話裡，使用了「明喻」與「借代」二種寫作技巧。以「風勢」喻「日本殖民統治者」，這就是借代。而「風勢如秋天中明晃扣動的利剪」中「風勢」是喻體，「如」是喻詞，「秋天中明晃扣動的利剪」是喻依，譬喻的三要素全具備，且喻詞是「如」，所以這句話也是明喻。秋風掃落葉，秋天的風勢就如同一把銳利的剪刀，將樹葉全部剪光，意喻著臺灣貧窮的百姓在日本殖民統治者的壓迫欺凌下，過著一貧如洗的艱困日子。當銳利的剪刀遇著了鋼鐵，是一籌莫展的，所以可以撐起夜的黑。

蕭蕭《現代詩學》說：「一個詩人面對『事』『物』而敘，可以有很多不同的方法來建立結構，有所呼應：直敘、追敘、正敘、倒敘、俯敘、點敘、

〔註13〕蕭蕭著，《現代詩學》（臺北：東大，2006），頁 159～161。

雙敘、插敘、周敘、心敘，錯綜活用，再配合『起承轉合』，形成許多不同模式的詩的結構。」〔註 14〕這首詩運用「倒敘法」，先由「果」反推出「因」，從「末」回溯其「本」。先寫賴和被日本殖民統治者囚禁在獄中，內心惶恐不安，用衛生紙記錄慘綠的獄中生活，留下最後的作品──〈獄中日記〉，以此來製造懸疑效果，引起讀者的好奇心，想一窺究竟。

緊接著，從賴和接受日本現代化教育，在彰化懸壺濟世，親眼目睹在殖民統治者壓榨下過著非人生活的貧苦百姓，覺得要擺脫沒有尊嚴的生活，就得從文化啓蒙運動開始。於是除了親身參與社會運動以外，還從事文學創作，將現實的眞實生活記錄下來。而這些活動自然引起執政者的注意，而將他扣押囚禁在獄中，最後雖然因心臟病而被釋放出獄。然他已找到血液中的主流，將自己生命中最後的燭光燃燒更加旺盛──參加「無力者大會」。

這首詩的結構除了安排上述的倒敘法之外，還運用語言結構法中的對等法來形成。蕭蕭《現代詩學》說：

> 「語言結構」是外現的，可以分析的，有著良好的語言結構的詩，
> 才不至於晦澀、難解，也不會支離破碎，現代詩往往「有句無篇」，
> 其弊病就在語言結構未能建立，語言結構樹立後，情感結構（理清
> 感動的緣由與事實）與意義結構（一種思辨、推理的過程）也就明
> 晰可辨了！〔註 15〕

又說：「在對等的位置裡，詩的句數相等，嚴守著某種格律，就是對等法。」〔註 16〕而這首詩的第一、二、五段句數相等，每段都維持在十行。

首段的第一句「鋼與燈撐起夜」中，「鋼」與「燈」形成對比，產生詩意上的歧異。「鋼」予人冰冷的感覺，堅硬不易曲折的聯想。而「燈」則是予人光明的期望，柔和、溫暖的感覺。「鋼」與「燈」二者並列，遂產生多層意義，其一，是賴和如鋼鐵般不畏強權爲貧苦百姓帶來光明和希望。其二，是賴和被囚禁在獄中，終日面對的是冰冷的鐵窗，脆弱的心靈一直希望可以重獲自由，擁抱家的溫暖。其三，是賴和的反抗不屈精神留傳並影響後世，促使現代的文學家傳承其精神，繼續爲不公不義的社會伸張正義，爲弱勢民眾代言。

〔註 14〕蕭蕭著，《現代詩學》（臺北：東大，2006），頁 289～290。
〔註 15〕蕭蕭著，《現代詩學》（臺北：東大，2006），頁 290。
〔註 16〕蕭蕭著，《現代詩學》（臺北：東大，2006），頁 291。

中國文學藝術高於西洋文學藝術，乃在於應用間接暗示的象徵手法，來達到含蓄的效果。象徵可以分爲普遍象徵和特殊象徵。蕭蕭《現代詩學》曾指出：「所謂普遍象徵，是指象徵與被象徵者之間，必定有其可以相關聯的聯結。早已爲社會所認可，如國旗象徵國家。而特殊象徵是虛經理性認知而後確信這種聯結的，如花殘月落象徵女性貞節的缺憾。」〔註17〕蕭蕭《現代詩學》又說：「做爲一個文學工作者，要能創造特殊象徵，以一種看得見的符號來表現看不見的事物，且兩者之間（象徵與被象徵者）要出於理性的關聯、聯想、約定俗成，或偶然而非故意的相似。」。〔註18〕「鋼與燈撐起夜」中的「夜」，是象徵著「臺灣」，是一種特殊象徵。

解昆樺以「夜」這種大家都看得見的符號來表現看不見的事物——不公不義的喧囂與控訴。在日本殖民者的統治時，臺灣民眾是過著暗無天日的艱苦日子，沒有自由與尊嚴，就像夜晚沒有陽光的照拂一般，看不見未來。而六十多年後的現在，臺灣，雖是自由充斥的民主時代。但仍和往昔一樣，社會上依舊存在著不義的喧囂。如同不斷襲來暗夜與暴力，所以在這首詩的結尾寫著「鋼與燈撐起夜，此刻因你，我想起一座島嶼的骨骼與意志。」除了造成迴旋效果之外，也正如解昆樺在得獎感言《文建會臺灣文學獎得獎作品集》中所說：「啓示這座島嶼以鋼以燈，抵抗在未來仍不斷虎虎襲來的夜與暴力，啓示知識份子在不義的喧囂與控訴中，堅持這座島嶼應有的骨骼與意志。」。〔註19〕在民主自由的現代裡，依舊存在著不義的事。身爲現代知識份子應秉持著賴和的精神，繼續伸張正義。

（三）人的怯弱與無力感

李瑞騰《新詩學》說：「讀詩最重要是先讀詩的題目，詩人在定題目的時候非常謹慎，題目定出來應該是個指標，是詩內容的指標。」〔註20〕這首詩題是〈在囚獄中獲致潔淨的光〉的「囚獄」是書寫的出發點。從賴和被囚禁在獄中，在其身心飽受煎熬時，賴和呈現出人性怯弱的一面。他無助恐慌的思索與過去的自己辯駁，從接受總督府醫學校到行醫、寫作，以及二度被日警拘禁等種種過往事情。一幕幕的回想，堅強的背後是不爲人知的脆弱與辛酸。

〔註17〕蕭蕭著，《現代詩學》（臺北：東大，2006），頁273。
〔註18〕蕭蕭著，《現代詩學》（臺北：東大，2006），頁275。
〔註19〕彭瑞金主編，《文建會臺灣文學獎得獎作品集》（臺北：文建會，2002），頁76。
〔註20〕李瑞騰著，《新詩學》（臺北：駱駝，1997），頁17。

誠如卡勒（Jonathan Culler）著；李平譯：《文學理論》所說：「當我們聽到了一段吸引我們的注意力的話語，我們所做的典型反應就是想像出，或者建構出一個說話人和一個語境、他關心的事物，以及他的態度。」〔註21〕解昆樺讀賴和的〈獄中日記〉感受到賴和內心的另一面，因賴和真人性的流露而感動。賴和就如一般人一樣，會恐慌、會害怕、會無助，企盼渴望能再次獲得自由。於是，解昆樺運用文學技巧，透過語言，重現不同的賴和形象，不是戰鬥的賴和，也不是勇敢無畏懼的賴和，而是最人性的賴和，是一個真情流露的平凡人。

其實，不只是二十一世紀的現代創作家，注意到賴和新面向，而透過詩歌創作，去捕捉賴和人性的複雜面，不再僅止於堅強、勇敢、偉大的一面，也有恐懼、猜疑、絕望、軟弱等面向。學術界也出現相同的看法與詮釋角度。如陳芳明在〈賴和隨筆與獄中日記〉曾經這樣描述：

> 當我看獄中日記的時候，我很訝異的發現幾個事實；我覺得他是一個相當有感情的人，當我們說他是「臺灣新文學之父」的時候，好像是東方不敗一樣，是很堅強的，怎樣都不會垮掉的人一樣。不是的，這樣是把他神格化了，一個偉大作家被神格化之後，他就不是本人了，魯迅說過，一個作家過份崇拜以後，他就會變成一顆化石、一個傀儡了，因為他不能再發言。獄中日記裡的賴和，拉回現實還是一個人不是神。他在日記裡寫他最掛念的，第一個就是我什麼時候會被釋放出來。第二個，就是我好想念我的家人喔！……。所以我看這些日記時，他並沒有說他的意志有多堅強，他沒有掩飾他的憂鬱、猜疑，還有絕望。〔註22〕

陳芳明說從獄中日記，他看到賴和的心情是黯淡悲觀，是最人性化的賴和，是一個平凡的普通人，會慌張、恐慌。思念家人真情流露的賴和，想著積欠人家錢尚未歸還。一個受過現代化科學教育的賴和，因惶恐不知何時釋放，內心憂愁痛苦，仍與一般人一樣，亦是藉助宗教如讀佛經，來追尋不知名的力量，以尋求心靈的解脫。

〔註21〕卡勒（Jonathan Culler）著：李平譯，《文學理論》（香港：牛津，1998），頁80。

〔註22〕陳芳明著，〈賴和隨筆與獄中日記〉，賴和紀念館，http://km.cca.gov.tw/laihe/c1/c12_011bg.htm，2012.01.11 參閱。

　　陳昭如〈二〇以及九〇年代知青的困惑——我看河左岸的〈賴和〉〉也說：
「在河左岸成員閱讀有關賴和生前所留下來的作品時，便發現了他們的『賴
和經驗』，與若干文評家在對賴和其人其事所做的評價上，出現了斷裂性的認
知。……所幸，『賴和』一劇他們想要表達的，是人性化，也會有徬徨、無助
心情的賴和。」。〔註23〕陳昭如也對河左岸所呈現人性化的賴和、徬徨無助的
賴和，表示認同。與後世標舉的民族主義英雄、反帝國主義者有所不同。

　　記者陳永峯專題訪問「尋找賴和」紀錄片導演郭珍弟時，在專題報導〈郭
珍弟：賴和不是神他也有痛苦——跳脫偉人塑造模式，從其最徬徨無助時期
入手〉中郭珍弟提出他的想法說：「賴和是人，他有性格，有痛苦，也有憂慮，
在生命最黑暗的時光中，勇敢地走過來的才真正值得敬佩，掙扎不代表軟
弱。」。〔註24〕郭珍弟跳脫紀錄片一貫使用的偉人塑造模式，也不認為從賴和
最徬徨無助的角度涉入，是對賴和的不敬，相反的，他認為這樣才是賴和的
全部。

　　由上述可見，以往文學研究所呈現如東方不敗的英雄形象，並非是賴和
受後世人敬重景仰的唯一徑路。學術界也有凸顯賴和生命的另一面向，從賴
和怯弱、無助、徬徨的人性面去探討與詮釋。而身為現代詩創作家的解昆樺，
透過想像、創造性的詩歌，來捕捉賴和人性複雜的面貌，不再是全然的堅強，
而是具平凡人的悲觀與怯弱。二十一世紀的現代作家也從不同以往的角度，
來詮釋台灣新文學之父賴和。

　　〈在囚獄中獲致潔淨的光〉的「潔淨的光」是書寫的終點站，賴和雖然
曾二次遭受日警的拘禁，尤其第二次最後更因心臟病才被釋回出獄。但其反
抗不屈的精神，其堅持不用日文寫作的用心，深深烙印在彰化人甚至全國民
眾的心目中。生前不同流合汙的忠貞受人敬重，死後英勇忠心不二的魂魄，
不容奸人誣陷，永受臺灣人萬世景仰。這道潔淨的光，繼續照拂著臺灣，影
響著知識份子，學習賴和的骨骼與意志，為臺灣民眾伸張正義。

〔註23〕 陳昭如著，〈二〇以及九〇年代知青的困惑——我看河左岸的〈賴和〉〉，賴和
　　　　紀念館，http://cls.hs.yzu.edu.tw/laihe/B2/newspaper.asp，2012.01.11 參閱。
〔註24〕 陳永峯著，〈郭珍弟：賴和不是神他也有痛苦——跳脫偉人塑造模式，從其最
　　　　徬徨無助時期入手〉，賴和紀念館，http://cls.hs.yzu.edu.tw/laihe/B2/newspaper.
　　　　asp，2012.01.11 參閱。

　　所以這首詩的主題，如解昆樺在得獎感言《文建會臺灣文學獎得獎作品集》中所說：「還給賴和人性怯弱的一面，還給他應有的肉體與尊嚴」〔註25〕臺灣現代知識份子，會將賴和的精神繼續傳承下去。

　　李魁賢《詩的反抗》說：「詩是借用詩人的感情去揭發事物的真相，往往以「形象思惟」或「意象」去完成任務。詩不是以直接的刺激去引發讀者的反應，而是以意象去傳達和擴延讀者的經驗，而產生交感。」〔註26〕這首詩表現解昆樺對人、對萬物、對事物的情感觀察，以他的心靈投入對人物象中做出詮釋。因此，閱讀這首詩時，可以交感出解昆樺所欲表達的意象——詩中透露著一股強烈的無力感，雖不著一字，但讀者卻可以深刻的感受到。

　　如首段，第二次以莫名其妙的因由被日警囚禁在獄中時，「被蚊蚤、下痢與典獄長無度摧殘的自己／你曾被迫在衛生紙屑上將恐懼潦草而倉皇地／無盡小寫，只因你是在單向通行的殖民史中／唯一逆向飛行的雲朵……」，恐懼不安壟罩著他。身體每下愈況，回想過往，百感交加，心中湧起一股無力感。

　　第二段，進入總督府醫學校接受日本現代化教育的他，「碧色的血都忘了流，島嶼的歷史下游沒有記憶／沒有根，在太平洋中甚至沒有自己的鰭／被迫囚禁在帝國主義的水族館……」，陷入知識份子所謂的兩難窘境。想促使臺灣現代化，摒除傳統封建的陋習，就得接受日本現代化科學教育。但若接受日本現代化教育就如認同日本統治，一股無奈感湧上心頭。

　　第三段，眼之所觀，耳之所聽，都是貧苦民眾痛苦的哀鴻聲。「聽竊所有在病人心房裡／癱瘓的故事與詩歌／住滿秦得參、林先生、添福、阿金、莫那魯道……／你堅決帶他們走出情節與格律／到軍刀與警棍林立的廣場大膽遊行／在文藝欄一遍遍排版複刻中／把他們供奉在文壇……」。無可奈何，惟有在文學的創作世界裡，來表達民眾的心聲，作為反抗殖民者。

　　第四段，未進入總督府醫學校時，賴和先在私塾接受漢文化教育。因此，漢民族意識之根，早在賴和童年時已扎入心中。所以終其一生都是用中文創作，亦曾響應並從事新文學創作來啟迪民智。但光是語言的使用就引發不少的爭議，賴和又回到古典文學漢詩的創作。如詩中「腦後髮辮如馬尾押韻般馳騁／在古典詩裡那遍地的江湖，你如此尾隨／感性而豪邁的踪跡，像無法被熨平的雲朵／在用一張又一張黑名單黏貼延續的殖民時代／逆向找到血液

〔註25〕彭瑞金主編，《文建會臺灣文學獎得獎作品集》（臺北：文建會，2002），頁76。
〔註26〕李魁賢著，《詩的反抗》（臺北：新地文學，1992），頁5。

中的主流……」。受了日本現代化教育的賴和，依舊堅持不用日文，來抵抗日本殖民統治者。

最後一段，在1923年賴和因治警事件被日警囚禁，不久之後被釋放。但在賴和心中已認清日本殖民統治者的真面目，決定與之劃清界線，並留八字鬍已告別懵懂的青年階段。此時，臺灣社會出現一股由辜顯榮發動的反對臺灣議會請願的「有力者大會」，失望的賴和，只能「在趕往「無力者大會」（註）的火車／不斷用力把頭顱伸向窗外／對準那只為你們訣別的照相機，……」。最後的「無力者大會」似乎透露著賴和對政治局勢的無力感。

二、李進文〈潛入獄中記〉(2005年林榮三文學獎首獎)

（一）作者寫作背景探論

李進文，1965年生，臺灣高雄人。曾任職編輯、記者，現任職明日工作室總編輯。著有《一枚西班牙錢幣的自助旅行》、《不可能；可能》、《長得像夏卡爾的光》、散文集《蘋果香的眼睛》，編有《Dear Epoch——創世紀詩選1994～2004》等。

林榮三文學獎是由「林榮三文化公益基金會」的董事們主張創立一個具實質鼓勵作用的文學獎，給於臺灣的寫作者應有的肯定和鼓勵，榮耀寫作者，以激發寫作熱情，為臺灣留下美好的文學作品，並為臺灣文學環境貢獻一份力量，於是在2005年創立林榮三文學獎〔註27〕，其設立初旨，即希望在文學式微的時代，為文壇注入新動力。

第一屆林榮三文學獎，於4月底公布辦法，8月15截止收件，共收到三千七百一十五件作品，分別為短篇小說六百六十五件，散文六百六十五件，小品文一千一百四十一件，新詩一千二百二十二件，體例不合格及逾期者二十二件，收件數可說是打破了十幾年來臺灣各類型文學獎的收件紀錄。這個收件量一方面說明熱情於創作者大有人在，一方面說明，一個具指標性獎勵性質的文學獎，確實可以引起創作發表的慾望。

第一屆林榮三文學獎新詩組，共計一千二百二十二件作品參賽。初審的評審委員有羅任玲、鯨向海、顏艾玲、楊宗翰、陳大為以及沈花末。首先他們對參賽的作品歸結出一個特殊現象，參賽作品的風格多樣，除了永恆的抒

〔註27〕 以下敘述有關林榮三文學獎的相關資料，皆參考李進文等著，《第一屆林榮三文學獎得獎作品集》（臺北：林榮三文化公益基金會，2005）。

情題材，其他如歷史敘事、鄉土關懷以至異國風皆多有之。最後，初審委員選出 60 篇進入複審。

接著是從進入複審，複審委員有朵思、陳克華、陳黎、零雨、蘇紹連。他們也對作品提出看法。陳克華說：「作品題材多樣，但期許不要炫技而使創作流於不必要而誇張的『用力』」。〔註28〕蘇紹連說：「以方言創作的作品不少，但多篇仍嫌語言純度不夠。」。〔註29〕零雨說：「作品水準整齊，然令人驚豔的特出作品卻不多。」。〔註30〕最後從進入複審的 60 篇，進行評審，選出 14 篇進入決審。

最後進入激烈的決選，由向陽、余光中、李魁賢、楊牧、鄭愁予五位詩壇前輩進行決審。決審委員分別提出他們對此次作品的整體觀感，鄭愁予說：「冥想或思維類型的比較多。」。〔註31〕楊牧說：「音樂和語言本身應有的美感，很多都喪失了。」。〔註32〕向陽說：「在後現代的年代裡，語言表現也隨之分割、零碎、蕪雜。余光中說：入圍作品主題多樣，有現實，有想像。」。〔註33〕第一輪投票，每人以不計分方式，圈選五篇，李進文〈潛入獄中記〉獲得四票居第一。其後，進行第二輪投票，以分數計，李進文〈潛入獄中記〉獲得最高分十二分，榮獲 2005 年林榮三文學獎新詩類的首獎。

李進文〈潛入獄中記〉是以賴和的生平事蹟為題材，透過後設技巧的書寫方式，虛實交錯，進入文本（賴和的作品《獄中日記》）與賴和對話而再創另一文本。〔註34〕內容如下：

〔註28〕李進文等著，《第一屆林榮三文學獎得獎作品集》（臺北：林榮三文化公益基金會，2005），頁 198。

〔註29〕李進文等著，《第一屆林榮三文學獎得獎作品集》（臺北：林榮三文化公益基金會，2005），頁 198。

〔註30〕李進文等著，《第一屆林榮三文學獎得獎作品集》（臺北：林榮三文化公益基金會，2005），頁 198。

〔註31〕李進文等著，《第一屆林榮三文學獎得獎作品集》（臺北：林榮三文化公益基金會，2005），頁 206。

〔註32〕李進文等著，《第一屆林榮三文學獎得獎作品集》（臺北：林榮三文化公益基金會，2005），頁 207。

〔註33〕李進文等著，《第一屆林榮三文學獎得獎作品集》（臺北：林榮三文化公益基金會，2005），頁 207。

〔註34〕李進文等著，《第一屆林榮三文學獎得獎作品集》（臺北：林榮三文化公益基金會，2005），頁 13。

帝國主義怎樣？你睡得好最要緊。

這些日子生病，你說眠夢會痛，但不必我來搖醒，

八字鬚吹出的口氣像魯迅。

真心話餓斃，唉，划入腹肚的番薯簽像絕句；

天堂或地獄不用聽診器，世間人勇健只要一張草蓆，

死活綑一綑，就結束日據時期？

最難消受是月娘，尤其牢牆外的童嬉——

長男志宏活二十一天。次男志煜活四個月又十二天。

四男賴悵活一年又九個月。長女賴鑄活二年又九個多月。

六男賴洪活一年又八個月。而且，你是醫生，

「我竟然是醫生……」你哽咽地說。

蚊蚋和跳蚤在硬頸插下的太陽旗，無非提示賴和先生

血的位置。病與責任令人軟弱，

不像你的小說；顯然祖父留下的拳譜你已荒疏，

反正練就一身正氣也踢不醒世界、揍不痛體制。

我看見你獄中床頭的心經、兒科醫書與顛倒夢想，

你也曾這樣軟弱渴求釋放，因為債

與親情一樣沉重，不是草蓆一綑就了事。

土地黏人都快五十年，你丟給誰養？

血紅的卷宗：「彰化警察署留置所」在大人桌上我瞥見

又驚見臺語橫屍，就在和室地板下的密室。

舌，可以吊死賴和。你說：死不需要輸血，唯有愚昧。

四壁蕭索僅剩衛生紙，既勒不死，就留一截以書寫。

你問我怎樣來？噓！耳目眾多，只能長話

短說：我跋涉網路，攀漢詩、登臺語，追蹤反骨

交錯的小說，以及信札和文獻，繞過你屋外那棵蘋果樹，

另一棵不是蘋果樹卻善心指路，又

在傍晚的懶雲掩護下，我潛入，帶一個口信

和一份報紙——不是你主編的，卻有八卦

山的消息，有彰化

一點點，一點點家鄉就夠你哭的。

報刊日期是中華民國九十四年五月一號禮拜日勞工節——

（後一個禮拜不就是母親節？害你想起老母，眞失禮）

頭條消息：勞工退休新制將上路，你細讀

多色澤的標題橫排不像遊行隊伍像一列電子花車。

唉愛、不愛在情仇兩岸嬉鬧，而你屋外的落葉頭也不回，

悄悄掉落得像族群撕裂。財經版創啥貨？你問「網路」的臺語

怎樣說？「春花——夢露？茫茫兮路？拐斷我的耳孔毛！」

第二次入獄（珍珠港事變當日），不想文學就想死，第九日

念佛號、讀陶淵明，看出你的心

以及肉體軟弱，我說：一些同志的批信被斜陽揭露，在書桌；

日頭撞上心頭，暝時留下一道淵藪。

怕牽累朋友？賴和先生你想太多，老友送報佚楊逵也沒怕過。

你必須以筆、腰桿和手術刀挺著……

「你必須回國——」我不會動員群眾接機，請安靜通關；

把靈魂分散活在某些人的肉體，只要有好靈魂就有好政府，

死亡不是絕症，會在另一處再生。

這個黨和那個黨在一桿稱仔兩端，愛與恨從不平衡。

我得走了，先生！口信已帶到。請把未標註日期的作品攜來，

國號不清楚就空著，等我們都確定了再一併填妥。

（二）與文本對話，呈現賴和的歷史意志

　　身爲文化工作者的李進文，面對經濟面勞工失業、社會面族群相忌、政治面國家認同不一，心中感慨萬千。因此，以臺灣新文學之父賴和生平事蹟爲題材，以其重要作品〈獄中日記〉爲文本，通過歷史與現實的對話，再創作另一文本。希望透過文學書寫的方式，去再現賴和不同於文學研究的形象。他與芸芸眾生一樣，面對苦難所表現出來的痛苦樣貌是相同的之外，也想效法賴和，用筆寫盡這個社會的苦難，反映周遭同胞的感受。作一個維護正義的文化工作者，用口吐盡心頭血，爲這個社會的不公抗議。希望可以喚醒大眾，彼此團結。不因族群不同而紛爭不休，解開心結，彼此惜福，共同爲大家的幸福攜手努力。

　　這是一首穿越時空語言散文化的詩作。時間是從 1941 年賴和因被疑與翁俊明有關而遭日警逮捕入獄到 2005 年的現代。而空間是從日治時期的監獄到現代作者生活的空間。內容並不從賴和所從事的文學與文化活動，來凸顯賴和是一位抗日英雄，是臺灣新文學之父。卻是從在獄中的賴和身體、心理方面如何飽受痛苦的折磨去著墨。關於反抗帝國主義、臺灣新文學的發展隻字不提，而道盡了賴和不為人知的辛酸事與怯弱無力的一面。透過想像，使現實與歷史文本〈獄中日記〉進行虛實交錯再對話，形成另一新的文本。以語言散文化的詩作，後現代的表現技巧，並將華語與通俗生活化的臺語夾雜在一起，正符合這個混亂的年代。

　　何寄澎《文化、認同、社會變遷：戰後五十年臺灣文學國際學術研討會論文集》說：「一般而言，詩是高度集中想像與情感的表現，所以詩歌多想像、散文多寫實；詩歌重意象、散文重描寫；詩歌重音樂節奏，散文重圖像。」〔註35〕這首詩就形式上來說，即是語言散文化的詩作。散文和詩最大的歧異在於散文的書寫者較常表現個人的性格。而詩甚少，因缺乏情節，所以絕少描寫到個人情懷。反倒是常表現出書寫者的人生觀、藝術觀、世界觀等思想、情感方面。詩的意象有它獨特的邏輯思維，不易被讀者捕捉。

　　詩重視形式和節奏，每首詩分為數節，每節有若干行。每行不一定都是一個意義完整的句子，有時一個意義完整的句子尚且需要多行才能表達完善。分行可以使詩產生空間感與節奏性。而節奏性，是來自於書寫者內心輕重起伏的調和性。詩的形式可作為區分一篇作品到底是散文或者是詩的標的。作者在寫作時未必都為知性所操控，有時是選擇文類來寫，有時則被文類所左右。詩的語言指涉通常較為繁複，散文是口語文字化的現實語言。而詩則是脫離現實語言，容易扭曲、變形與原來的詞性、意義大不同。因此，詩的內容指詩的語言有許多雙關語、三關語，而產生許多不同的意義。語言散文化的詩作，使用散文的語言，卻給讀者另一暗示性的意象，跳脫既定的思維方式。李進文說：

> 這首〈潛入獄中記〉跟我以前慣用精緻、繁複意象的寫法不同。因
> 為賴和是小說家，我故意以比較「鬆」的文字（要讓讀者像讀小說

〔註35〕何寄澎主編，《文化、認同、社會變遷：戰後五十年臺灣文學國際學術研討會論文集》（臺北：文建會，2000），頁3。

似的），這樣，在詩中「我用小説的寫法加上台語的運用」讓讀者有
臨場感。「後設」也是爲補強結構，以免太「鬆」。〔註36〕

所以，語言散文化的詩作，之所以偏向詩而不偏向散文，乃因爲它具有詩的
特質：象徵、暗喻與歧異。這首語言散文化的詩作，因其偏向詩的特質，因
此，獲得評審一致的青睞。

　　這首語言散文化的詩作，第一個特質是象徵。所謂的象徵，是指透過具
體的事物或由社會的約定、理性的關聯，間接陳述抽象的觀念或情感與看不
見得其他事物的觀念。如詩中所言「蚊蚋和跳蚤在硬頸插下的太陽旗，無非
提示賴和先生血的位置。」蚊蚋、跳蚤和太陽旗象徵日本實施的吸血政策。

　　盧翁美《李喬《寒夜三部曲》人物研究》說：「日本政府利用土地調查、
林野調查、官有林野計畫等三大步驟對臺灣人土地進行最直接的掠奪。」〔註37〕
1895年當局頒布「林野取締規則」，規定「凡無地契及其他可資證明其所有權
的山林原野，悉爲官有。」。據此，除了土著居民居住的「番界」以外，在九
十七萬餘甲林野中，被沒收爲官有的達九一六七七五甲，民有的僅五六九六
一甲。其中還包括不承認其所有權，但因其長期使用而准予繼續使用的「緣
故林」〔註38〕。

　　而事實上，這些山林地在民間仍然會私下交易買賣，但都是口頭契約或
私立雙方契約。農民們並不知道要經過「官方」許可，才可以開墾或讓度「官
有地」。結果二十年後，農民的這些土地都成了「無斷墾地」。這是何其悲哀
啊，清朝有懇戶來搶奪，颱風無情來摧殘，日本執政者根據所謂「法」予以
豪奪，無語問蒼天，該如何生存下去。陳孔立《臺灣歷史綱要》說：「1898年
進行歷時六年的土地調查工作，取消大租權發給補償金消滅大地主，確立一
地一主土地所有關係。」。〔註39〕接著規定土地均須登記，許多無主地或所屬
不明的土地，均遭沒收而歸爲公有地，甚至平白「拂下」給退職官員。

　　1915年又推行「官有林野整理」，把官有林野區分爲「要存置林野」與「不
要存置林野」。那些列爲不要存置林野的保管林與無斷墾地，當局勒令所有人

〔註36〕　見本論文附錄一，頁139。
〔註37〕　盧翁美，《李喬《寒夜三部曲》人物研究》（碩士論文，國立彰化師範大學國
　　　　　文學系研究所，2004），頁44。
〔註38〕　陳孔立主編，《臺灣歷史綱要》，（臺北：人間出版，1996），頁292。
〔註39〕　陳孔立主編，《臺灣歷史綱要》，（臺北：人間出版，1996），頁291。

必須承購，無力承購者一律「依法」沒收，伊澤多喜男繼內田嘉吉因上任發言不當，不惜掠奪臺人權利，以討好在臺日人。李喬《寒夜三部曲——2荒村》曾寫到：「大正十四年起至十五年十二月止，以象徵性的價款，將三千八百八十六甲餘土地，『拂下』給三百七十個退職官員。」〔註40〕然而土地，是生活的根本，沒有土地，一家老小生活就發生問題了。

又如詩中「八字鬍吹出口氣的像魯迅」〔註41〕八字鬍象徵賴和堅持到底的反抗精神。賴和第一次入獄是在1923年12月16日因治警事件而遭拘禁的賴和，使得他對日本殖民統治者有更深一層的體悟。決定與日本統治者劃清界線，並開始留鬍子，以告別先前的賴和。古繼堂〈「臺灣的魯迅」——賴和〉曾說：「賴和是『臺灣的魯迅』」〔註42〕。賴和的小說充滿對帝國主義的反抗，替那些被壓迫的民眾進行無情的揭露與鞭打，展現了悲天憫人的高尚情操。

第二個特質是暗喻，又稱隱喻法。寫詩則較多會用隱喻技巧，因為當時代氣圍有所顧忌時，便使用各種或明或暗的隱喻，賴和也是如此。但不管如何，賴和創作的目的是在，反省舊傳統思想，檢討舊社會風俗，使臺灣在文化上有所革新。並在政治上反壓迫，經濟上反剝削，以維護異族統治下的臺灣人民生存權益和個人生存尊嚴。也就是說，他一直是站在民間的立場，為弱者代言和打抱不平，不會因統治者的逼迫而退縮。

李進文也承繼了賴和的寫作技巧，在本首詩中隱喻技巧：「帝國主義怎樣？你睡得好最要緊。」1941年賴和因被疑與翁俊明有關而遭日警逮捕入獄，在獄中的賴和身體、心理方面飽受痛苦的折磨，關於反抗帝國主義、臺灣新文學的發展如何？他不想再去碰觸，隱喻著賴和的悲觀與軟弱無力的一面。

又如詩中「土地黏人都快五十年，你丟給誰養？」賴和對於他所生長的土地，非常眷戀，認為人是不能離開土地而生活的，曾在其作品中〈善訟人的故事〉寫道：「人是不能離開土地，離去土地人就不能生存，人生的幸福，全是出自土地的恩惠，土地盡屬王的所有，人民皆是王的百姓，所以不論什麼人，應該享有一份土地的權利，來做他個人開拓人生幸福的基礎。」〔註43〕。

〔註40〕李喬，《寒夜三部曲——2荒村》（臺北：遠景出版事業公司，1981.12），頁144。

〔註41〕李進文等著，《第一屆林榮三文學獎得獎作品集》（臺北：林榮三文化公益基金會，2005），頁9。

〔註42〕古繼堂著，〈「臺灣的魯迅」——賴和〉，《賴和研究資料彙編下》（彰化：彰縣文化，1994）頁400。

〔註43〕林瑞明編，《賴和全集 小說卷》（臺北：前衛，2000），頁243。

詩中之意其實是暗示著賴和在獄中身心飽受煎熬，開始與過去的自己辯駁，而表現出他的軟弱與卻步。

再如詩中「一些同志的批信被斜陽揭露，在書桌」。日本殖民者於 1937 年禁止使用漢文，把日語作為「國語」，在臺灣強硬灌輸推行，距離 1945 年臺灣光復不遠。正是日本即將落敗，好比太陽即將落下。所以以「斜陽」來隱喻顯露敗象的日本，把作家的作品經過嚴格監控，有思想有問題的作品一律擱在桌上，不予出版。

第三個特質是歧異。誠如蕭蕭《現代詩學》所說：「雙關或歧異，使詩情詩意更加豐富，一首詩應該有多種解釋的可能，雙關或許只停留於同音假借，歧異應可又分多種可能。」〔註 44〕這首詩首先是李進文經由歷史的文本，去讀賴和的思想呈現第一層意義。賴和的〈獄中日記〉是他留給臺灣文壇最後的作品。從這個歷史文本讓李進文看見獄中的賴和，是怯弱無助的。因病纏身，當下腦海所想的不再是如何替這些弱者發聲，而是他對家人和孩子的那份歉疚感，五個孩子都來不及長大就夭折死了。一生都為這些貧困的弱者發聲，但現在不管是上天堂還是下地獄，賴和已心力交瘁，無法顧及了。

李進文看見悲觀的賴和，在獄中軟弱的渴求釋放，一再地辯解，他穿臺灣衫並非為凸顯臺灣精神的反抗意識，而是為了行醫方便。苦楚悽涼的心，使賴和的心無法平靜，藉助誦讀心經，希望可以鎮靜心的妄想，也希望能減輕消除自己種下的業障，得以早日獲得釋放。這些都是他的妄想，也就是佛家所說的顛倒夢想。想起一時之間無法獲得釋放，不禁傷心，遂將獄中的心情與發生的事一一記錄下來，而遺留下這篇珍貴的歷史文本〈獄中日記〉。

透過想像穿越時空與賴和對話，形成第二層意義。從主述者「我」，開始了李進文與賴和對話，而進入虛境。藉由對話中，將現代的經濟面勞工失業、社會面族群相忌、政治面國家認同不一的問題逐一浮現檯面。賴和投身社會運動，以寫作文學，來喚醒臺灣民眾在心靈深處的臺灣抵抗意識。李進文也透過文學的創作，再現賴和的精神。希望政府不管什麼黨執政，都能正視勞工失業的問題，各族群都能休戚與共，尊重各族群彼此的文化，熱愛、認同臺灣這塊土地。

〔註 44〕蕭蕭著，《現代詩學》（臺北：東大，2006），頁 260。

　　向陽對李進文〈潛入獄中記〉的評論中說到：「我感覺這個題目還有第三層意義，意即人、時代與政治歷史其實都是一個獄。」〔註45〕李進文目睹社會亂象，洽似賴和身處的時代。於是有感而發，從歷史的文本讀出賴和的時代，與透過想像呈現現代現實的問題。在虛實交錯中凸顯了，無論身處何時，人、時代與政治歷史都是禁錮的「獄」。即使身處現代的李進文比日治時期、國民黨的戒嚴時期來的民主、自由。但在臺灣不管誰統治或執政，社會上的貧富問題、經濟的勞工問題、政治上身分認同的問題，縱使物換星移，這些問題依舊困擾著，生活在臺灣這塊土地上的人們。

　　這首詩就形式上來說，其次在語言使用工具上是臺語和母語書寫技巧。題材和文字，是形塑賴和樸質風格的兩大因素。不只賴和那個時代，即使在四、五十年後的今天，臺灣新文學也出現了許多「鄉土文學」，但賴和所寫的臺灣話是誰都無法取代的，自然又富含臺灣味，只要懂臺灣話的讀他的文章，會閱讀越有韻味。

　　賴和書寫的用語深入淺出，彷彿是現代詩人一般。雖然與我們相隔已有50、60 年，但於今讀之，所描寫的事物似乎距離我們很近，親切感十足。不但淺白易懂，賴和還常會在他的文學作品裡加入方言、俗語、諧音和臺灣語調以加重臺灣色彩，使其文學作品更具有臺灣地方的特色。而在李進文這首新詩裡也頻頻出現，使這首詩更具臺灣特色。如詩中「你說『眠夢』會痛」的「眠夢」即臺語發音，就是睡覺時會做夢。「世間人『勇健』只要一張草蓆」中的「勇健」是臺語發音，是強壯的意思。「『暝時』留下一道淵藪」中的「暝時」也是臺語，意思就是晚上。不過臺語中有些有音無字，會造成書寫的困難，及閱讀者會因不懂這些臺語，而無法了解作者所要表達的意涵。所以適度的使用有加分的效果，可以增加臺灣地方的特色。

　　這首詩就形式上來說，最後是透過押韻，「韻」的一再重覆，使詩具有力度感的音樂性，與旋律似的節奏。誠如卡勒（Jonathan Culler）著；李平譯：《文學理論》所說：「通過韻律的組織和聲音的重複達到突出語言，並使語言富有新奇感是詩歌的基礎。」〔註46〕蕭蕭《現代詩學》也說：「在對等的位置上

〔註45〕李進文等著，《第一屆林榮三文學獎得獎作品集》（臺北：林榮三文化公益基金會，2005），頁 214。

〔註46〕卡勒（Jonathan Culler）著：李平譯，《文學理論》（香港：牛津，1998），頁 85。

安排相同或類似的聲韻，往往就是詩人尋求節奏的最直接方法。」〔註47〕由
這首詩可以見到李進文對節奏的重視。以現行國語注音來分類，詩中有五組
不同的韻交錯間雜，形成交響的音樂性效果。一開始「潛入獄中」是虛的，
使用「病、痛、醒、生、症」，「斃、器、句、蓆、期、嘻」有二組。當潛入
之後主述者我出現虛的就變成實的，使用「骨、樹、路、入、讀、頭、藪、
友」，「多、過、著、妥」二組。押韻相當調協，足見，李進文對於聲律的要
求相當細密。

（三）現實的批判與省思

　　李進文也和賴和一樣曾擔任總編輯工作，又是一位記者，見到社會的亂
象，興起無限感慨之嘆。這首詩的主題是透過虛實、時間與空間交錯，將現
代的經濟面勞工失業、社會面族群相忌、政治面國家認同不一的問題一一凸
顯出來。賴和的正義圖象、對文學書寫的熱愛，對家人與同胞的愛，經由李
進文的椽筆，穿越時空，一一浮現。他的文學精神、人道關懷，一直是後輩
文學創作者的典範。

　　臺灣命運多舛，歷經多次不同政權的統治過，受盡不平等的欺壓，度過
許多心酸苦難的歲月。如今，好不容易，進入民主時代，人人生而自由平等。
但臺灣民眾似乎沒有好好把握，這份得來不易的自由。社會亂象層出不窮，
令人扼腕。於是李進文透過文學的創作，浮現賴和的身影，冀望能喚醒大家
的記憶。重視這些社會、政治、經濟所面臨的問題。不同族群彼此尊重不同
的文化，認同臺灣，一起為臺灣這塊土地打拼。

　　陳芳明〈後現代或後殖民——戰後臺灣文學史的一個解釋〉說：「一九八
七年政治解嚴之後，臺灣社會開始見證兩個事實，一是經濟生產力的蓬勃，
一是文化生產力的倍增。」〔註48〕1987 年臺灣解嚴，社會趨向自由、多元化。
在經濟方面 1986 年臺灣由工業進入後工業社會，服務業人口超過工業人口，
都市人口越來越多等。在文化上，呈現多元化的思考。誠如陳政彥〈戰後臺
灣現代詩論戰史研究〉說：「七○年代的經濟起飛，使得進入八○年代的臺灣，
在經濟上不虞匱乏，高度發展的資本主義及經濟富裕下發展得各種媒體視聽

〔註47〕　蕭蕭著，《現代詩學》（臺北：東大，2006），頁 295。
〔註48〕　周英雄，劉紀蕙編，《書寫臺灣：文學史、後殖民與後現代》（臺北：麥田，
　　　　2000），頁 41。

娛樂，都使臺灣文化面臨一波新的變革。」〔註49〕許多曾經是屬於思想禁忌的題材，逐一在文學創作上表現出來。如臺灣意識的文學、女性意識的文學、環保意識的文學等。

在這樣的時代氛圍下，李進文〈潛入獄中記〉這首詩的文學創作表現方式，即是以後現代的表現手法。正如向陽所說：「此詩以後現代的表現方式，將古典、優雅以及通俗生活化或臺灣式的語言，夾雜拼接在一起，正好表現了這個混亂的年代。」〔註50〕。這首詩在形式上打破了文類界限——詩的散文化，語言混雜使用。在內容上，以經濟快速發展下所呈現的各種問題、政治議題等爲主題，如這首詩的勞工失業問題、族群相忌問題、國家認同問題。

陳芳明〈後現代或後殖民——戰後臺灣文學史的一個解釋〉說：「所謂後現代主義，在於解構中央集權式的、歐洲文化理體中心的敘述。去中心化的思潮，並主張文化多元論。以及首肯『他者』的存在地位，最終目標在解構。」〔註51〕陳芳明〈後現代或後殖民——戰後臺灣文學史的一個解釋〉又說：「後現代主義在臺灣社會的誕生，是八〇年代隨著戒嚴體制的鬆動而介紹到臺灣。」〔註52〕所以一九八〇年代中期以後，後現代主義成爲臺灣文壇的主流。不過臺灣的後現代主義與西方後現代主義，產生的背景是有差異的。西方的後現代主義是反思現代主義的虛無，而臺灣的後現代主義是因爲政權式微，許多曾經被壓抑而瘖聲的議題，因言論自由、思想開放，而恢復潛伏的存在問題。解嚴後的臺灣，各個弱勢族群要求平等看待，各種議題獲得關注，這種思惟就是去中心化，屬於後現代主義〔註53〕。因此不斷開放自我、刺激思考是後現代社會的文化主流特色，也是解嚴後臺灣的發展特色。

〔註49〕 陳政彥，〈戰後臺灣現代詩論戰史研究〉（博士論文，國立中央大學中國文學研究，2007），頁202。

〔註50〕 李進文等著，《第一屆林榮三文學獎得獎作品集》（臺北：林榮三文化公益基金會，2005），頁214。

〔註51〕 周英雄，劉紀蕙編，《書寫臺灣：文學史、後殖民與後現代》（臺北：麥田，2000），頁56。

〔註52〕 周英雄，劉紀蕙編，《書寫臺灣：文學史、後殖民與後現代》（臺北：麥田，2000），頁57。

〔註53〕 陳芳明著，〈後現代或後殖民〉《書寫臺灣：文學史、後殖民與後現代》（臺北：麥田，2000），頁53～58。陳芳明曾指出認爲後現代主義是西方思潮，一九八〇年代隨著戒嚴體制鬆動而介紹到臺灣，並不是從臺灣社會內部自然形成的，所以就臺灣整個文學發展的脈絡，後殖民主義更適合解釋解嚴後的臺灣文學現象。

　　楊雲萍（楊友濂）最後一次見到賴和，是在臺北帝大附設醫院（今臺大附屬醫院）的病房裡，賴和情緒激動的對楊雲萍說：「我們所從事的新文學運動，等於白做了！我詫然地注視著賴和先生。」〔註54〕賴和一生從事新文學運動的目的，就是希望將臺灣民眾眞實生活的苦境記錄下來，冀望透過文學可以提升民眾的精神，改善民眾迷信的陋習，達到民族解放的目標。早日脫離日帝的殖民統治，臺灣民眾過著有尊嚴的生活。

　　楊守愚〈獄中日記〉說：「賴和先生對於過去的臺灣議會請願、農民工人解放等運動，雖也盡過許多勞力，結果還是對於能改變民眾的精神的文藝方面，所遺留的功績多。」〔註55〕雖然在他與世長別時，仍無法親眼見到臺灣光復，被壓迫的臺灣民眾脫離日本殖民統治重獲自由的日子。但是他所留下來的文學作品與精神，依然影響著現代知識份子。

第二節　地方性文學獎得獎作品分析

一、施俊州〈賴和心經〉（2002年礦溪文學獎獲選作品）

（一）作者寫作背景探論

　　施俊州1969年生，彰化縣人，筆名王卦怠、阿施。國立成功大學臺灣文學系博士。成大詩社「詩議會」發起人、臺語作家、臺語文學研究者，首都詩報總主筆。曾獲大鳳凰樹文學獎新詩外系兩屆正獎、一屆佳作。府城文學獎新詩二獎（首屆）、散文佳作（第二屆）。第四屆府城文學獎散文正獎、文學論述佳作。第十二屆聯合文學小說新人獎短篇佳作；第五屆府城文學獎新詩二獎。八十九年優秀青年詩人獎、礦溪文學獎等文學獎項，著有《寫在臺南的書信體》、《愛情部品》等。

　　礦溪文學獎〔註56〕是彰化縣文化局創辦於1999年，創立宗旨：「為鼓勵本縣文學工作者創作、研究，獎勵優良文學作品，提升本縣文學水準，改善藝文環境，進而推廣閱讀風氣。」。應徵資格，為本籍彰化縣，或曾於彰化縣

〔註54〕楊雲萍著，明潭譯，〈追憶賴和〉《賴和研究資料彙編〈上〉》（彰化：彰縣文化，1994），頁17。

〔註55〕林瑞明編，《賴和全集　雜卷》（臺北：前衛，2000），頁6。

〔註56〕以下敘述有關礦溪文學獎的相關資料，皆參考施俊州等著，《礦溪文學獎得獎作品集．第四屆》（彰化：彰化文化局，2002）。

就學、工作一年以上者，或目前於彰化縣就學、工作者。而報導文學類作品內容只要是書寫彰化縣風土民情者，不限資格。徵集類別、作品字數暨規定，其中，新詩類以一百行以內爲原則（短詩不超過六首）。2002 年磺溪文學獎的獎勵辦法，新詩類不分名次均取五名，致贈獎金新臺幣各五萬元整，並各得獎座乙座。作品若未達決選標準，得予以從缺。

　　邁向二十一世紀的第四屆磺溪文學獎，參加投稿作品達一百六十多件。其中，新詩有六十件。這屆的新詩評審委員有渡也、路寒袖、蕭蕭三位。對於新詩作品的水平而言，決審老師渡也認爲：「此次的水準可以媲美兩大報文學獎。」〔註 57〕路寒袖則是：「津津樂道其中作品，一述一讚嘆。」〔註 58〕施俊州〈賴和心經〉從中脫穎而出，榮獲第四屆磺溪文學獎新詩獎。施俊州〈賴和心經〉內容如下：

> 彰化肉圓正宗的油香嗅覺伊一度仰望的窗口：
>
> 一九四二年彰化警署留置場的第四十天，星期五
> 軟弱的八字鬍愁老蔓延，因爲我國族苦罪的心字
> 伊甫三，伊走街先，伊安都生伊浪伊灰，伊懶雲
> 百思不解爲何被日本人囚在愁字小小的窗口
> 觀自在菩薩行深般若波羅蜜多時，臺灣的苦難日
> 伊和仔先因此毅然決然走進人間的地獄，讀佛書
> 昭和十七年一月十七日星期六，照見五蘊皆空
> 度一切苦厄，舍利子，色不異空，空不異色
> 伊終究死不悔改暴露昭和年代必然於偶然的敗跡：
> 你是賴和我是賴和他是賴和，賴和本是群眾的名
> 空不異色色不異空，舍利子，原來是歷史的辯證
> 受想行識亦復如是，是諸法空相，不生不滅
> 太平洋戰爭一個字一個字從伊獄中的日記起筆：
> 金色陽光如銅號吹奏不垢不淨的輓歌，不增不減
> 恍恍惚惚那是半線古城某一斷代婚娶的的行列

〔註 57〕 施俊州等著，《磺溪文學獎得獎作品集．第四屆》（彰化：彰化文化局，2002），頁 7。

〔註 58〕 施俊州等著，《磺溪文學獎得獎作品集．第四屆》（彰化：彰化文化局，2002），頁 7。

死亡的步伐一步一步歡囍踩進時代的洞房，在窗外
彰化警署留置場的第六個主日，伊的感官紛紛甦醒
是故空中無色無受想行識，是故我執：一月十八日
伊本來就放心不下四百五十萬劬勞的大眾，在窗外
八億萬年的戰爭不過是伊內心一夜的爭戰，在窗內
春雨血淋淋汗潸潸滋潤牆外草蔓一片歷史的墳場
伊看見彰化街市仔尾身影堅強永不停歇雪地的叫賣
——油炸檜啊油炸檜，無聲色香味觸法燒的油炸檜
髭長八字的嘴角，鹽啊鹽呀嚐盡草紙上的淚鹹
每一滴眼淚怎地目睹賣方小孩巧遇巡查補買方：
一九四二年正月十九彰化警署留置場的第四十三天
太陰日凌晨伊徹夜未眠，無眼界乃至無意識界
一部殖民通史原是賣方與賣方私相授受的一場交易
歷史的贏餘買空賣空無乃買方與買方協同的舞蹈
無無明亦無無明盡乃至無老死亦無老死盡，賣空買空
碰恰恰碰恰恰和仔先的心疾終不得一時稍解
無苦集滅道無智亦無得，以無所得故恰恰碰，恰碰
臺北帝大附屬醫院小田內科六號病室，一月二十日
忐忑的心聲伴奏伊文學的華爾滋，伊筆與右手共舞
菩提薩埵伊般若波羅蜜多故，監獄也就是病房
伊二次仰望啞口無言的窗口病房：一日世上是千年
牆外人語雜沓解答，伊諦聽窗外嘈切的鬼哭
心無罣礙無罣礙故，無有恐怖，那是臺灣的議會
一月二十二日新詩一行是一日，往後十行一萬年
遠離顛倒夢想，究竟涅槃：一九四三年一月二十三日
三世諸佛伊般若波羅蜜多故得阿耨多羅三藐三菩提
故知般若波羅蜜多是大神咒是無上咒，能除一切苦厄
伊分別陽光樂隊各號銅管細緻的音調，歷史的婚'喪
伊提筆寫信假借日記代替歷史詩樣的小說，更愛自由
其實不虛故說般若波羅蜜多咒，即說咒曰：熱愛生命
福爾摩沙島嶼病院心臟內科六室本島後生讀者作者

揭諦揭諦，焱炎斜昃向西波羅揭諦，大時代即將完成

波羅僧揭諦一月卅一日，菩提娑婆訶，伊終不得自由

（二）互文性呈現賴和左翼思考

賴和的〈獄中日記〉在 1941 年 12 月 8 日第二次被捕入獄，在獄中他用粗糙的衛生紙和小記事本，將心中哀愁的心緒寫下。戰後由楊守愚整理遺稿，發表於蘇新主編的《政經報》。賴和被拘禁約五十日，但由於身體健康狀況不佳，第三十九日（1942 年 1 月 15 日）後，因病體衰未再書寫日記。施俊州從第四十天開始寫起，一直到 1943 年 1 月 31 日賴和去逝止。他填補這段空白的日記。施俊州說賴和一直沒有脫離監獄，因爲日治時期的臺灣社會就像一座大監獄，病院就如同監獄，所以賴和終不得自由。〔註59〕

施俊州以他者敘述的角度，透過互文性的方式，將〈獄中日記〉與〈般若波羅密多心經〉彼此交織。交織的過程當中，〈般若波羅密多心經〉是理解人生困厄和解脫的方式，與賴和身處的困境，二者發生對照的關係，以思考在政治殖民下主體性生命的難題，藉此尋找未來的可能。接續賴和未竟的〈獄中日記〉，從第四十日（1942 年 1 月 16 日）開始，到生命畫上句號爲止（賴和逝世於 1943 年 1 月 31 日）。以賴和爲弱者奮鬥的一生來詮釋心經，獨創另類韻律感的賴和「心經」。

這首詩內容是透過食物的味覺如肉圓、油炸檜，這些都是鄉土的食物，去追溯賴和在彰化被囚禁的意象，寫最爲眞實的賴和，在獄中「人」性怯弱的感受。賴和在獄中誦讀心經以鎮靜心的妄想及情的悲苦。所以施俊州將賴和的一生、奉獻的心志與經歷爲題材，揉入心經的字句，排列穿插，展現截然不同的人物書寫。

這首詩透過食物將內容分爲兩大部分，其一，是彰化最具代表性的地方小吃——肉圓，肉圓要經過高溫的油炸，才能烹調出最好的口感。似乎影射描述臺灣文學最具代表性人物彰化的賴和，他的生平與爲爭取臺灣重獲自由，奮鬥犧牲而遭囚禁，內心受煎熬的過程。其二，是臺灣最具鄉土性的小吃——油炸檜。油炸檜也和肉圓一樣都得經過高溫煎炸，好似影射描述臺灣的歷史是一部殖民史。凡臺灣民眾幾乎皆是生活於水深火熱之中，不會因小孩就可免於遭受欺凌，即使自己奮鬥到最後住進醫院，將走到人生盡頭，仍是無法親眼看到臺灣民眾獲得自由。

〔註59〕 見附錄二，施俊州訪談逐字稿。

　　這首詩就形式上來說，首先在語言使用工具上是臺語和母語書寫技巧，其目的欲恢復賴和的聲音，恢復賴和眞正講話語言類型的意圖。賴和是傳統華文作家，但是也會摻雜母語。賴和受過漢學教育及日文教育，可是卻終身使用中文創作，還將白話文轉換爲當時的臺灣話文，賴和的用心使得他的文學作品深具有「臺灣味」與「賴和味」。康原，《種子落地──臺灣文學評論集》亦說：

> 賴和在臺灣新文學的發展過程中，摸索出一條以中國白話文爲基調，但盡量容納臺灣方言的表現方式，這種『亦中亦臺』的表現方式，在 1931 年臺灣話文論戰尚未掀起之前，雖然難免偏向『屈話就文』（主要是臺語有些土音無法以漢字充分表達的緣故），但盡量融入方言、俚語、俗語，確實能呈現鄉土特色。」〔註 60〕

賴和雖是以中國白話文來作爲小說的書寫工具，但正是由於他這種具獨特性的「亦中亦臺」的表現方式，使其更能呈現當時臺灣民眾生活語言，文學作品更貼近民間的生活。康原，《種子落地──臺灣文學評論集》又說：

> 爲了啓發民智及忠實反映當時的臺灣社會型態、人物在社會中活動的百態，小說創作者在語言的選擇上，自然使用臺灣民眾熟悉的語言──閩南語，爲其文學創作的語言。這種以方言來反映濃厚的地方色彩，或以方言來記錄特有的臺灣社會經驗，形成日據下臺灣白話文學獨特的風貌。〔註 61〕

賴和夾雜使用臺灣民眾熟悉的語言──閩南語，爲其文學創作的語言，除爲了啓迪民智，希望可以眞實反映臺灣各階層的生活悲苦以外。更爲表達他的民族氣節、反抗意識，絕不阿諛奉承使用日文來討好日本殖民統治者。

　　施俊州這首〈賴和心經〉，亦用夾雜閩南語的書寫方式，來表達出賴和的文學精神。如詩中所言「彰化肉圓正宗的油香喚覺伊一度仰望的窗口」中的「正宗的油香」即是使用閩南語來強調彰化肉圓那股令人回憶無窮、最純正的香味，就像賴和對臺灣新文學的貢獻，及那份悲天憫人的胸懷，是臺灣的典範，是後代臺灣民眾景仰與學習的對象。詩中「伊甫三，伊走街先，伊安都生伊浪伊灰，伊懶雲百思不解爲何被日本人囚在愁字小小的窗口」而「伊」是閩南語的「他」，乃指賴和。而「甫三」、「走街先」、「安都生」、「浪」、「灰」、

〔註 60〕　康原著，《種子落地──臺灣文學評論集》（臺中：晨星發行，1996），頁 65。
〔註 61〕　康原著，《種子落地──臺灣文學評論集》（臺中：晨星發行，1996），頁 195。

「懶雲」都是賴和的筆名。如這首詩「死亡的步伐一步一步歡囍踩進時代的洞房」中的「歡囍」是閩南語的用法，意思是開心。

其次，透過食物的味覺來啟動，去追溯賴和在彰化被囚禁的意象，寫賴和獄中「人」性怯弱的感覺。施俊州這首〈賴和心經〉，第一段選擇的食物，是彰化最具代表性、有地方特色的「肉圓」，肉圓的烹調方式是需經過高溫油炸，才能烹調出它的美味。如同彰化的賴和，他一生為臺灣的苦難而奉獻心志，他的奮鬥精神足為典範，被譽為臺灣新文學之父。然而，在眾多研究中，賴和一直是抗日英雄的形象，是不畏艱難，是勇敢的、不畏懼的。但，其實不然，施俊州從賴和的〈獄中日記〉看出賴和的脆弱無助，需藉讀佛經，來撫平心靈的恐懼感。擔心家庭生計負債無法負擔、父母年邁無法頤養天年，身體每況愈下，無法目睹臺灣脫離日本殖民統治者，林林總總牽絆著他。

如詩中所言「一九四二年彰化警署留置場的第四十天，星期五軟弱的八字愁老蔓延」。賴和第一次入獄是在 1923 年 12 月 16 日因治警事件而遭拘禁的賴和，使得他對日本殖民統治者有更深一層的體悟。決定與日本統治者劃清界線，並開始留鬍子，以告別先前的賴和。賴和第二次入獄是在 1941 年 12 月 8 日，珍珠港事件爆發日，為了查明賴和與翁俊明的關係，而遭受警務局和憲兵單位命令拘捕五十餘日，第三十九日後因病體衰未記日記。施俊州從「彰化肉圓的油香」述起，在彰化警署留置場的賴和，他是軟弱無助的、愁苦滿懷的。不斷的與過去的自己辯駁，不明白自己究竟犯了什麼罪，如詩中「百思不解為何被日本人囚在愁字的小小窗口」。他只不過因看到到臺灣人過著沒尊嚴的生活感到難過，便將他們的生活實況記錄下來罷了，為何要被囚禁？

第二段依然從臺灣鄉土食物「油炸檜」來啟動。油炸檜的烹調方式和肉圓一樣都需要經過高溫油炸，如同臺灣民眾在殖民統治者的欺凌壓迫下，過著水深火熱的悲苦日子。詩中「油炸檜啊油炸檜，無聲色香味觸法燒的油炸檜／鬍長八字的嘴角，鹽啊鹽呀嚐盡草紙上的淚鹹」，述說賴和被囚禁在彰化時，用衛生紙和小記事本，記錄了賴和自己與臺灣被殖民的命運血淚史。賴和在 1923 年寫了一篇小說〈不幸之賣油炸檜的〉，文中描述臺灣民眾沒有生存的尊嚴，警察大人是最有權威，其威嚴是不容有人挑戰的。明明只是一位可憐的賣油炸檜小孩，卻因沿街叫賣的聲音太大而吵醒了警察大人，即被抓進警察局拘留二個多小時才被釋放，完全無視小孩是無辜的，僅為了保有他

高高在上的顏面與權威，竟將他人的求情視為在挑戰公權力。鄙視臺灣民眾而視之為土民、狗，只有打啦罰啦才會遵守規紀。賴和用文學反映出當時民眾悲苦的生活，期望臺灣透過文學得以提升臺灣文化，啓發民智，早日擺脫殖民統治，過著自由的日子。

　　施俊州從這個鄉土食物——油炸檜，經高溫油炸的過程，像是臺灣被殖民過著欺凌壓榨、無尊嚴的過著下油鍋的悽苦日子。賴和即使在監獄或心疾臥病在醫院，仍念茲在茲，期望民族早日解放，得見大時代的來臨，可惜這些對他而言，都是無法實現的夢。正如詩中所言：

　　一部殖民通史原是賣方與賣方私相授受的一場交易

　　歷史的贏餘買空賣空無乃買方與買方協同的舞蹈

　　無無明亦無無明盡乃至無老死亦無老死盡，賣空買空

　　碰恰恰碰，恰恰和仔先的心疾不得一時稍解……

　　大時代即將完成

　　波羅僧揭諦一月三十一日，菩提娑婆訶，伊終不得自由。

1895 年 4 月 17 日，甲午戰敗的清廷將臺灣割讓與日本，此刻起賴和與臺灣其他眾人一樣，屬於只能抵抗或屈從的被殖民命運。在獄中邊寫邊流淚的賴和，終究敵不過心臟病的折騰。最後出獄不久即住進臺北帝大附設醫院，熱愛自由卻無法見證大時代的來臨，而於 1943 年 1 月 31 日與世長辭，走到生命的盡頭仍是無法獲得自由。

　　其次，形式上使用冒號。根據教育部國語推行委員會編著，《重訂標點符號手冊》修訂版，關於冒號的使用方法，作了以下說明。冒號的用法：一、用於總起下文，如列舉人事物、引語、標題、稱呼；二、舉例說明上文。〔註62〕所以欲讓靜默者或他者發出聲音，或在文本欲加入新的聲音，都會出現冒號。這首詩使用了八次冒號，施俊州讓靜默的賴和發出聲音，且是一種母語的話。如詩中：「太平洋戰爭一個字一個字從伊獄中的日記起筆：／金色陽光如銅號吹奏不垢不淨的輓歌，不增不減／恍恍惚惚那是半線古城某一斷代婚娶的行列」，賴和藉由日記的書寫來發出心中的不平之鳴。而這聲音就如同金銅色的喇叭，所吹奏出的哀傷之歌，恍惚間又似乎是婚娶、喪禮行列所吹奏的。

〔註62〕教育部國語推行委員會編著，《重訂標點符號手冊》修訂版，http://www.edu.tw/files/site_content/m000l/hau/h5.html，2011.04.11 參閱。

又如詩中「伊二次仰望啞口無言的窗口病房：一日世上是千年／牆外人語雜沓解答，伊諦聽窗外嘈切的鬼哭」，賴和因心臟病發住進台北帝大附屬醫院病房，仰望著窗口，不禁發出悲鳴之嘆，病院如同監獄一般，無法擺脫羈束重獲自由。賴和被囚禁在彰化警署留置場第三十九日後便因病體衰沒能繼續寫日記，施俊州補足這段空白，讓賴和繼續表露心聲，讓歷史一幕幕如倒帶般再度重現世人眼前。去反思臺灣是臺灣人的臺灣，即使受日本殖民統治者的欺凌，仍要為臺灣這塊土地奮鬥。就如賴和即使到生命的終點，仍心繫著臺灣何時重獲自由。

賴和先生對於過去的臺灣議會請願、臺灣文化協會等運動付出許多勞力，為改變民眾的精神投入許多心力在文藝，引起日本統治者的壓迫的對待，走進人間地獄。不過畢竟他是一個「人」，警署遲遲未將他釋放時，使他心陷恐懼、墜入絕望之淵，最後只得藉由念佛誦經使自己禪定。賴和原是推動民眾破除迷信的改革者，但在人生悲觀無助時，還是選擇心靈的依靠——宗教，施俊洲透過心經的穿插書寫，似乎更能將賴和的心聲詮釋出來。

最後，在形式上是使用後現代的技巧，將賴和的一生經歷與心經，排列穿插，產生互文的效果，來創造新的意義。正如劉紀蕙《文學與藝術八論：互文‧對位‧文化詮釋》說：「在研究英國文學的研討會上，曾探討「戰爭安魂曲」中不同引文、指涉、文化語言之間的「互文效果」，拉丁經文與英文詩這兩層各別由不同文化傳統中產生、組合、鑲嵌出文本交錯進行，因差異與對立而產生的互文效果凝聚出新的意義。」〔註63〕施俊州將賴和的生平事蹟揉入心經，將賴和在獄中那份焦躁不安之意象，交織在新的文本呈現出來之外，更進一步表露了施俊州的詩意。即是賴和看似已離開監獄，其實不然，因為日治時期的臺灣社會就像一座大監獄，而病院就是監獄，監獄就是病院。所以自始至終，賴和並沒有脫離監獄。

（三）母語的認同與推廣

這首詩的主題是發聲，表面上是讓靜默的賴和發聲，但實際上也是施俊州自己的發聲。日據時代黃石輝提倡臺灣話文運動，賴和響應並實際用臺灣話寫作如〈一個同志的批信〉，一九八○年代宋澤萊、林央敏等提倡鄉土文學，

〔註63〕劉紀蕙著，《文學與藝術八論：互文‧對位‧文化詮釋》（臺北：三民，1994），頁 9～10。

不過都曇花一現，並沒造成流傳。就如林央敏《語言文化與民族國家》所說：「語言滅，文化亡；文化斷，民族滅。」〔註64〕，施俊洲希望挽救臺語的生命。

　　林央敏《語言文化與民族國家》曾指出「至少隋唐時代的詩詞著愛用臺語來讀才好勢，可見臺語是所有漢語內面算是上古老的語言。」〔註65〕所以，在日本殖民統治前，臺語〔註66〕是讀書、思考、寫作的通用語。但因經過二次外來政權的殖民教育，如戰前的日本與戰後的國民黨文化霸權的殘害，日本時期推行日本話的國語政策。中華民國接管時期，則實施以北京話為主的中國國語政策。臺語受到嚴重的壓迫，生存空間遭受威脅，甚至將瀕臨滅亡之運命。在 1987 年臺灣解除戒嚴後，鄉／本土化越來越受到重視，臺語才逐漸隨之恢復生存權與發展的空間。但臺灣的語言文化仍在大漢文主義的籠罩下，人民不知不覺中會輕視甚至排斥自己的母語，認為是粗俗、不文雅的語言。

　　現在我們這一代尚且有臺語意識，若沒有將臺語恢復原來面貌並傳承下去，那臺語將在我們這一代斷根死去。語文和土地是兩面一體的，用自己的母語書寫，才能感受到親切的土地之愛，用母語思考、用母語記事，將母語書面化來傳達訊息，才能傳承文化的命脈。臺灣現在的危機，是國家認同的危機，是文化認同的危機。語言是溝通的工具，本身是一種文化，也是一個族群的分類依據，一個國家國民認同的共同基礎。透過臺灣本有的語言文化（族語）來改變臺灣人的思想意識，引導臺灣人走向文化獨立，為臺灣獨立建國覓得文化基石。愛臺灣的第一步就是臺灣人要覺醒，復興臺語，文化鄉／本土化。

　　吳叡人〈認同的重量：《想像的共同體》導讀〉說：「然而沒有思想、記憶和認同的重量，臺灣將永遠只是一葉浩海孤舟，任憑資本主義和強權政治的操弄控制，反覆重演著定終將被自己和他人遺忘的種種無意義的悲劇。」〔註67〕

〔註64〕　林央敏主編，《語言文化與民族國家》（臺北：前衛，1998），頁 7。
〔註65〕　林央敏主編，《語言文化與民族國家》（臺北：前衛，1998），頁 39。
〔註66〕　林央敏主編，《語言文化與民族國家》（臺北：前衛，1998），頁 38。臺灣語言在廣義解說，是指所有住在臺灣這座島嶼上各族群所使用的語言，也就是有原住民語、客語、臺語、北京語等語言。狹義的解說，佔臺灣人口約百分之七十五人口所使用的臺語，所以在臺灣給多數的族語叫做「臺灣話」、叫做「臺語」是有它的代表性。
〔註67〕　吳叡人撰，〈認同的重量：《想像的共同體》導讀〉，班納迪克‧安德森作：吳叡人譯，《想像的共同體：民族主義的起源與散布》（臺北：時報文化，1999），頁 xviii。

施俊洲本身是作母語研究，成功大學臺灣文學系博士，都是用臺語書寫。本身深具濃厚的臺語意識，國族話語的類型，從語言類型（自己真正說的話）去確定（塑建）他自身的立場，表現上是恢復賴和說話的方式，但就其背後意涵是要完成他自己語言的政治意圖。

二、徐文遠〈聽診〉（2002 年礦溪文學獎獲選作品）

（一）作者寫作背景探論

徐文遠是臺灣省彰化縣人，雲林工專電機科、逢甲大學經營管理所碩士班畢業，曾任東洋藥品公司，南山人壽保險公司專員、主任、經理，新光人壽保險公司代處經理，補習班作文老師。現任精英保險經紀人公司處經理，作品《零度虛空》曾獲 2001 年第三屆中縣文學獎暨洪醒夫小說獎新詩獎。

第四屆「礦溪文學獎」新詩類參賽作品共計六十件，評審分別是渡也、蕭蕭、路寒袖三人擔任。其中有十幾件作品技巧佳、構思新穎、遣詞用字不俗，水準足堪媲美兩大報文學獎。這次獲獎的作品中，有二篇都是以賴和的經歷為題材。但〈聽診〉與〈賴和心經〉兩位作家都展現截然不同的創作形式，令三位評審拍案叫好而雀屏中選。徐文遠〈聽診〉內容如下：

> 東方有一痕月
>
> 彷彿要眉批些什麼
>
> 睡前，指尖翻過一山又一山
>
> 網路崎嶇，尤其
>
> 比霧還濃的幻覺，或者私密
>
> 這是現代詩嗎
>
> 我折腰，穿越高來高去的意象、斷句
>
> 為此，吃了一顆普拿疼
>
> 詩曰：腳的排卵期是無格律的地鐵拉開煤煙裡的
>
> 陽痿的圍巾……
>
> 於是我又吃了一顆普拿疼
>
> 關掉電腦，改聽 CD
>
> 捧著賴和的小說——
>
> 「可憐她死了」，我也無力撐開眼皮

想起艾略特，所謂「一個詩人如果到二十五歲
以後還繼續寫詩，必須……」想著，想著
睡去

夢見賴和
身影模糊，唯有字幕清晰可讀
像一部黑白紀錄片，但字體是蔗紅色的
散發氣味如藿香。有人說，不是
是仙藥，是他墳前的草
聞者可以自癒，如果按著先知的獨白
逐字，逐句
我變成賴和的秤錘
文字是那條在殖民地擺盪的鉛錘線，沉沉地
撩撥，兩斤和一斤十四兩之間的民族矛盾

「頭還痛嗎？」他問
聽診器貼近我的胸口和腹臍
「有腸鳴，一如獄中的韻腳
想對著絕句高喊
放──我──出──去
看著你的肚臍眼，想起割讓
那是我出生的第二年
失去法力的大司命，隨手拿起雲夢大澤的枯枝
和天狗簽訂的馬關條約
月亮不見了
等月亮再出東方
天狗吐出的骸骨
在他們鋪設的鐵道，化成枕木

要一顆糖
是孩子的夢與詩，雖然

福爾摩沙有很多甘蔗
但甜美是沒有五官的味蕾
度量衡總是一抖一抖地
直到刻度被謊言噎住
會社用秤三個人才二十七斤的秤
收購蔗農的手足
有人和槍口爭辯
出門還有皮包骨，進門只剩
一枚月牙

我的身影模糊嗎
像這塊土地的身世一樣嗎
告訴你，我有八字鬍
那是偌大的草原
適合放牧，讓隻字片語都鏗鏘有力
我的眼皮一單一雙
或許，不對稱的美學是命定的圖騰
至於這件臺灣衫
尺碼，拒絕矮化
就算撕裂
也要屏障半壁八卦山

那是人腦比樟腦還不值錢的時代
出外行醫
每一條吊橋的繩索
都和我的腸子緊緊糾結
關於你祖父賒欠的醫藥費
你可以寫詩，還諸天地
譬如，寫鰥寡孤獨的嘆息
寫廟前的石獅子和柴郎的血緣關係
寫翅膀、寫風

就算骰子也有一個落點

一首詩若比日記冷感，不如……」

清晨醒來

喜歡的歌已經迴旋一整夜

我像飽讀心虛的小孩

將夢輕輕闔上

（二）後現代修辭呈現賴和的鄉／本土思考

〈聽診〉是描寫彰化詩人、臺灣文學之父——賴和。透過虛實交錯，與賴和對話方式，來陳述自己對於創作語言的困惑，及如何從賴和的創作精神與目的，找到了解決問題的答案。

整首詩自然段分為八段，意義段則分為三段，分為其一，是現實中的困惑癥結。現今是處於所謂的 e 世代，網路資訊十分發達與興盛，就連網路文學也蔚為風潮。不但科技日新月異，連文字用語亦詭譎多變，甚至比一九六〇年代的現代詩還要現代，詰屈聲牙，常令人丈二金剛摸不著頭緒。如詩中「詩曰：腳的排卵期是無格律的地鐵拉開煤煙裡的／陽痿的圍巾……」，徐文遠看到如此比霧還濃的意象、斷句，實在令他頭痛，這真是所謂的現代詩嗎？

其二，是夢中與賴和對話。賴和出生後第二年，臺灣已割讓予日本。雖然他接受了日本現代化的教育，但卻是透過日文來吸收西方文學養分、醫學知識。用於醫治臺灣的病痛，不管是心裡或是生理上。當時日本為了徹底實施皇民化教育，嚴禁使用中文，甚至獎勵更改本名為日本名字，有許多人知識分子從善如流。如詩中「文字是那條在殖民地擺盪的鉛錘線，沉沉地／撩撥，兩斤和一斤十四兩的民族矛盾……」，但賴和仍堅持自己是漢民族後裔而一生都使用中文，來記錄當時臺灣貧苦百姓是如何受到日本殖民統治者的欺凌、壓迫。而這些貧苦的百姓幾乎都是農民，百分之八十是不識之無的文盲。所以他所使用的語言不是中國白話文，而是揉雜臺灣話在內的華文，以淺顯易懂的語言來傳達極具社會意識的創作內容，來喚醒臺灣民眾為臺灣這塊土地奮鬥，爭取生存應有的尊嚴。知道文學創作的落點——土地後，徐文遠頓悟了。

最後，是徐文遠豁然開朗回到現實。

〈聽診〉這首詩全詩具後現代色彩。董學文《西方文學理論史》說:「所謂後現代主義,是在二戰後產生的思潮,是堅決對傳統價值觀進行消解。它是 20 世紀中葉出現的一種世界性的文學思潮,具有強烈懷疑精神和反文化屬性,他對傳統理論採取了絕對擯棄的態度,對價值因素也進行了徹底消解。」〔註 68〕徐文遠懷疑時代的語言能等同於文學的語言嗎?網路上的文學使用的霹靂的句子與怪誕的文法,可以算是文學而傳諸久遠嗎?若否,那文學要如何才能流傳長遠呢?這一連串的疑惑都令徐文遠深思,於是在他「閱讀」賴和及自我沈思後,他找到了創作的落點──土地。除此之外,徐文遠還透過譬喻、比擬、誇飾、借代、雙關對比等修辭技巧,以對話方式,虛實交錯,來描繪賴和,令評審讚不絕口。茲將寫作技巧分述如下:

蕭蕭《現代詩學》說:「詩人如何把那種模糊的、不具體的、隱藏在心中的意,化為可知可感的象?詩貴含蓄,最忌諱坦露,所以意象的形成,最佳的途徑是採譬喻法,捨譬喻,意象必定變得破碎、晦澀,無從連貫。」〔註 69〕這首詩就用了許多譬喻,有明喻。如〈聽診〉的詩中「夢見賴和／身影模糊／唯有字幕清晰可讀／像一部黑白紀錄片,但字體是蔗紅色的」,賴和的身影模糊像是一部黑白紀錄片,喻體是「身影模糊」,喻詞是「像」,喻依是「一部黑白紀錄片」。影射賴和所處的時代是灰色,是暗無天日,但為何字幕清晰可讀?因為它的字體是蔗紅色的,暗示著賴和不為強權奮不顧身而犧牲所流的血液構成的字跡,而這字跡代表的就是賴和充滿批判性的文學作品,也因這些作品而引發日本殖民統治者的不滿,而將他囚繫在獄中,最後因心臟病病重出獄,不久即與世長辭。

又〈聽診〉的詩中「散發氣味如藿香」也使用了明喻修辭技巧,喻體是「散發氣味」,喻詞是「如」,喻依是「藿香」,「藿香」是一種多年生的草本植物,莖葉都有強烈的香氣,可以做藥。賴和為何會散發出如藿香般的氣味呢?其實是賴和死後墳前的草被當成治病的仙藥而被拔光,據說是因有貧窮無錢看病的病患,跑去賴和墳前拔草回去煎煮來喝,沒想到竟能治癒疾病。徐文遠所欲傳達的意象是,賴和不但生前治療臺灣民眾心裡與生理的病,死後其精神依舊傳承下去,一直影響著後代。

〔註 68〕 董學文主編,《西方文學理論史》(北京:北京大學,2005),頁 474～475。
〔註 69〕 蕭蕭著,《現代詩學》(臺北:東大,2006),頁 156～157。

蕭蕭《現代詩學》說：「把喻詞『像』改為『繫詞』——『是』、『為』、『乃』
等字的譬喻，稱為『暗喻』（或『隱喻』）。暗喻是現代詩人最喜歡用的方法，
把許多看似不相關的事物繫連在一起，突破了事物本義之限制，發展出特異
的歧異或新義來。」〔註70〕如〈聽診〉的詩中「文字是那條在殖民地擺盪的
鉛錘線，沉沉地／撩撥，兩斤和一斤十四兩的民族矛盾……」，如果說是「文
字像那條在殖民地擺盪的鉛錘線」也是可以，但「文字是那條在殖民地擺盪
的鉛錘線」時，它所蘊含的力量將會更大，聯結的效果「是」比「像」更為
密緊。鉛垂線通常用於房屋梁柱的尺標，梁柱才不至於傾斜、倒塌。語言也
是如此，它代表著一族群文化的存亡，欲使一國家文化滅亡，最有效的方法
便是從語言著手。

日本殖民政府或國民黨初執政時都曾統一語言。賴和深具漢民族意識，
不管鉛垂線擺向何方，他依舊堅持使用中文，絕不妥協。而徐文遠認為現今
的我們，儘管尊重語言的多元化，甚至詭譎難懂的文字（如火星文），為新新
人類樂於使用而造成新潮。但一位作家心中應該各有一把尺，若想要文學傳
之久遠，就應該使用通用的文字，不會隨波逐流。

蕭蕭《現代詩學》說：「借代在現代詩中表現了極大的創造力，因此而有
『詩人為萬物命名的人』的這種說法。」〔註71〕所以借代也是現代詩人最喜
歡使用的修辭之一。徐文遠在〈聽診〉這首詩中也使用了許多借代，如「天
狗吐出的骸骨」就是借代而來，中國自古以來將月蝕視為天狗吃月，臺灣被
日本殖民者統治，就好比「天狗吃月」，天狗二字即指日本，這就是借代。又
如「收購蔗農的手足」，農作物都是靠農民雙手和雙腳，忍受酷熱與寒冬辛勤
努力耕種的成果，所以，手足二字就是指農作物——甘蔗，這就是借代。十
六世紀葡萄牙人航海途中經過臺灣東部太平洋時，遙望臺灣山明水秀，而將
臺灣稱之為「福爾摩沙」，意思就是「美麗之島」。所以〈聽診〉的詩中「福
爾摩沙有很多甘蔗」，便以「福爾摩沙」代「臺灣」。

蕭蕭《現代詩學》說：「對比聯想是以兩種殊異的事物對立，如黃與白、
春花與秋月，而使其特徵更明顯。因此「對比」是相反相成的兩股力量，是
作用力與反作用力的結合，它的氣勢與說服力是不可低估的，是詩藝術中扭

〔註70〕蕭蕭著，《現代詩學》（臺北：東大，2006），頁159。
〔註71〕蕭蕭著，《現代詩學》（臺北：東大，2006），頁161。

轉乾坤的大手筆。」〔註72〕徐文遠在〈聽診〉這首詩如何運用對比的力量，來創造詩的氣勢與說服力。如詩中「隨手拿起雲夢大澤的枯枝」，則是一句矛盾語，「雲夢大澤」是指富庶的魚米之鄉，既然是富庶之地，理應萬物扶疏，樹木蒼翠蓊鬱，欣欣向榮，爲何會用雲夢大澤來形容枯枝呢？筆者認爲是作者要使枯枝的特徵更明顯，有強調的意味。臺灣本是個富庶的島嶼，島上的居民過著富裕的自由生活，誰知馬關條約，清朝欽差大臣李鴻章大筆一揮，將臺灣割予日本，改由日本來殖民統治，從此臺灣島民過著暗無天日，形同槁木般沒有生命力的悲慘生活。再如「但甜美是沒有五官味蕾」這句也是如此，五官味蕾不是來品嘗食物的甜美與否，爲何甜美是沒有五官味蕾？日治時期蔗糖也是臺灣三大出口產品之一，臺灣盛產甘蔗，可是卻都被會社以低價買走，辛苦耕種賺到的卻是負債，蔗農並沒有嘗到豐收後的甜美果實，所以說甜美是沒有五官味蕾。

　　蕭蕭《現代詩學》說：「詩貴含蓄，雙關也是含蓄。不直言彼事是非，而以此物爲喻，通常就有雙關的可能。而雙關的兩件事同等重要，在字面上有字面上的意義，如此文句才可通達，但它又相關著另一層意義，因爲字形、字音、字義的相類似，經由聯想而得。」〔註73〕〈聽診〉的詩中「至於這件臺灣衫／尺碼，拒絕矮化」，這裡，「尺碼」是音義相關的詞語，實是同一個詞而具有兩層意義，除了字面上的解釋之外，尚有藉「尺碼」來寓「意」——拒絕矮化，這兩層意義在詩中都解釋得通，所以也可以稱爲歧異。〔註74〕一般而言，詩人會運用雙關或歧異的修辭，來使詩情詩意更加豐富。

　　徐文遠運用了夸飾法予評審新鮮、精確的深刻印象。所謂夸飾法，蕭蕭《現代詩學》說：

> 文學藝術裡，詩人追求的是「出人意外」的驚喜，讀者尋求的也是「出人意外」的驚喜，因此，夸飾就成爲寫詩方法中重要的一個原則。夸飾就是誇大其辭，鋪張其義，一方面抒發詩人心意，一方面聳動讀者耳目，滿足了誇張與好奇的人類通性。〔註75〕

　　如〈聽診〉的詩中「度量衡總是一抖一抖地／直到刻度被謊言噎住」，刻度眞會被謊言噎住嗎？作者的誇張，才能引起閱讀者更深一層的想像。會社

〔註72〕蕭蕭著，《現代詩學》（臺北：東大，2006），頁176。
〔註73〕蕭蕭著，《現代詩學》（臺北：東大，2006），頁257。
〔註74〕蕭蕭著，《現代詩學》（臺北：東大，2006），頁260。
〔註75〕蕭蕭著，《現代詩學》（臺北：東大，2006），頁212。

用秤三個人才二十七斤的秤，購買了蔗農的血汗，無怪乎，當時民間流行一句諺語：「第一憨，種甘蔗給會社磅」。又如「告訴你／我有八字鬍／那是偌大的草原／適合放牧，讓隻字片語都鏗鏘有力」詩中說八字鬍是諾大的草原，有如此大嗎？看清日本殖民統治者真面目的賴和，在第一次治警事件被逮捕釋放後，要與先前的賴和區別而留八字鬍，以表達他反抗到底的決心。心有多大，世界就有多大。果然，他的文學作品的影響力，不容日本殖民統治者小覷。最後竟以莫名的理由，再度將他囚禁，最後心臟病發抑鬱而死。不但日治時期有其令執政者畏懼的影響力，即使光復後國民黨執政時期，賴和又遭誣陷而進出忠烈祠，但他的影響力依舊鏗鏘有力不曾減弱。

（三）詩語言的質疑與詮釋

　　徐文遠在得獎感言〔註76〕時曾說，現今，網路文學盛行之際，有關創作語言的使用曾困惑著他，他疑惑什麼是「新文學」？時代的語言是否可以傳諸久遠？若可以，那網路上一些霹靂的句子，是不是也能流傳下去，甚至形成文學潮流影響文壇？不過，在徐文遠閱讀完「賴和」的作品後，他頓悟了，他想起艾略特的一句話：「一個詩人如果到了二十五歲以後還要繼續寫詩的話，必須要有社會意識。」。他明白了，失去土地，就等同於失去詩創作的落點，透過賴和寫作的精神與詩中的社會意識，來診斷出自己心中的疑難雜症，了解了，詩為何而做，以及自己未來創作的方向。

　　蕭蕭《現代詩縱橫觀》說：「詩與實存的環境緊密相連、與人生相連、與時代相連，接連點愈多，則詩作愈佳。」〔註77〕詩中的語境出現了網路、普拿疼、CD、電腦等，這些都是科技發達的現今所存在的物品。網路開創人與人互動方式的新紀元，即時性的溝通是無遠弗屆。連文學的創作也搭上列車，即使不參加文學獎比賽、不投稿報章雜誌的副刊，依然可以在網路上發表文章，一樣可以成為文壇一名文學創作者。

　　但網路無汰選機制，任何人都可以上網 PO 文章，一些時下年輕人的用語，不經篩選都一一寫入。愈是奇誕怪異，愈是能吸引更多的人瀏覽，而廣為流傳，如〈聽診〉的詩中「詩曰：腳的排卵期是無格律的地鐵拉開煤煙裡的／陽痿的圍巾……」，「腳的排卵期」所與表達是何意象？「陽痿的圍巾」

〔註76〕　施俊州等著，《磺溪文學獎得獎作品專輯.第四屆》（彰化：彰化縣文化局，2002），頁54。
〔註77〕　蕭蕭著，《現代詩縱橫觀》（臺北：文史哲，1991），頁14。

的詩意又爲何？眞令人難懂而頭痛。徐文遠從現實的環境意識到網路文學所潛藏的文學危機，於是將現實實存的環境與賴和的時代連接，企圖喚醒從事文學創作的現代詩人們——臺灣的詩須要有社會意識。土地，才是創作的落點。

三、洪崇傑〈稱仔的彼端——致賴和〉（2005年磺溪文學獎獲選作品）

（一）作者寫作背景探論

〈稱仔的彼端——致賴和〉是洪崇傑就讀長庚醫學系六年級時創作的。他的筆名達斯梅爾，彰化縣鹿港鎮人，國立彰化高中畢業後，便隻身離開故鄉到異地高雄長庚醫學系求學。據他獲獎後所發表之感言〔註78〕中說：「生命之根，讓羈旅在外的他，每當想起故鄉景物，心中便湧起一股莫名的情感，支持著自己繼續在醫學與詩的領域奮鬥下去。」，又說：「臺灣的詩需要一種歷史意識。」。從賴和作品中他看到，賴和努力的爲時代中不公不義之事永不停止的反抗，深受感動，以賴和的反抗特質爲創作題材，將賴和反殖民、護臺灣的剛毅不屈精神表露出來。

「磺溪文學獎」是彰化縣一年一度的文化盛事。由彰化縣文化局承辦，而文化局一向以「文化推手」自許，一方面希望文學老幹持續向開闊的藍天伸展莖葉，另一方面則盡心培植初冒新芽的文學新秀，所以抱持著傳續與培育、深化與開展的文化理念來舉辦「磺溪文學獎」的。

第七屆磺溪文學獎，在創作獎的部分，計收件一六三件，其中一六〇件符合參選資格，新詩類五十五件，由岩上與路寒袖兩位擔任評審。磺溪文學獎的特色，不同於其他縣市的文學獎，乃在於只要是優秀作品，一經入選，不分名次均頒予相同的獎金。新詩類的獎額共有五名，所以初審時，由評審先選出心目中覺得優秀的五件作品，在複審時，進行第二輪討論，再評選出脫穎而出的五件作品。洪崇傑〈稱仔的彼端——致賴和〉，在初審時，即獲得岩上與路寒袖兩位評審的青睞，一致肯定是一篇寫人物的佳構，最早獲選爲得獎作品。〔註79〕洪崇傑〈稱仔的彼端——致賴和〉內容如下：

〔註78〕 陳慶芳總編輯，《第七屆磺溪文學獎得獎作品專輯》（彰化：彰化文化局，2005），頁50。

〔註79〕 有關第七屆磺溪文學獎的相關資料皆參考陳慶芳總編輯，《第七屆磺溪文學獎得獎作品專輯》（彰化：彰化文化局，2005），頁5～27。

「想到家中兒女，三叔死去，不見了三叔。而今不見我，是不是以爲我也死去了？」

——賴和〈獄中日記〉——

（一）

你是條瘖啞的溪水
跋涉過草雜田野

河裡的碎石磨破皮
我仍張開腳掌
繼續一路拓印下去
防止足跡被激流吞噬
因滿佈瘡痍的地聲帶
還記憶著
從汪洋登岸的歌謠
上游沖刷來的泥淖
總是哽塞亟欲發聲音的母音
沈水浮腫的臉
撐大瘀青的雙唇
溫習娘親
每晚在耳際的囈語

（二）

往金屬搭築的斗室探頭
狹窄通道
包容昂藏之軀
僅僅間隔的
你那浩瀚的思緒
販夫的賣菜聲
從泛黃的紙張中傳來
殖民的申誡
帝國的律令
不過是根被折斷的秤錘呀
在不等重的兩端

丈量用聽診器
也無法診療的喘鳴
沉吟為一位詩人

往金屬圍成的牢獄轉身
廣大居間
住不下憤慨

惟有飄搖的根
往島上茁壯成樹
儘管砍伐的刀口磨亮著
枝幹仍直挺挺
如一桿稱仔

（三）
被切割成四等份的這天：
「獄卒大人的斜影拉長清晨
午間烈日焦灼成面目難辯的屍塊
熟透的餘暉凋謝為一紙憤怒的詩行
還有不見身軀的夜焚毀我們的姓氏成灰」

鐵欄外的日晷儀
計算族人脊椎
隨日頭反射出的孤孑角度
我們的南國哀歌
挺著不偏倚的脖子
詠懷屬於影子的節奏
在島國的肺腔
不停迴響並擴大

你那桿瘦削的筆
擱在鐵牢夾縫

營養不良的墨水漬中

睜開骨碌的雙眼

推開累積腹水的筆蓋

——即使筆蕊斷頭

也要讓血浸潤

在築滿刑場的地表上！

（四）

乾炙阡陌上

聳立城牆固若你的胸壁

百年風帆經過

徒遺留一副

砲彈穿過的肋骨

五花旗幟隨浪起伏

更迭遺佚封面的歷史

他兀自淌血

如一匹

被獵槍射中的雲豹

而殘破不堪的槳

擱在焦黃的島嶼板圖

我只是一艘獨木舟

載滿你的吶喊

繼續航行下去

（二）象徵技巧詮釋賴和經典文本

洪崇傑在得獎感言〔註80〕中說：「他要像詩人或藝術家的耳朵，要努力學習聽歷史的聲音。」他將賴和比喻成一條小溪，並且沿著河道追尋賴和留下的足跡，雖然激烈的洪流試圖淹沒這些足跡，但滿佈瘡痍的聲帶所發出的聲音，卻一直在他的耳邊響起。

〔註80〕陳慶芳總編輯，《第七屆磺溪文學獎得獎作品專輯》（彰化：彰化文化局，2005），頁50。

這首詩段落分明，共分為四段。第一段主要是描述賴和並不因為接受日本現代化高等教育而迷失自己，相對的，他懷抱祖國情懷終其一生都堅持使用中文來寫作。

第二段是以賴和的重要小說作品〈一桿稱仔〉為描寫題材，賴和是位醫生，可以使用聽診器來診斷出病患的病因以對症下藥，解除病患的痛苦。但同時身為一位文學創作家的他，眼見社會上發生許多不平的事，許多貧苦百姓受到欺壓而求助無門，他卻無法以實際行動來伸援。只好透過寫作，毫不畏懼將事實呈現來喚醒群眾民族意識，爭取生存的尊嚴。

第三段則是以賴和的重要新詩作品〈南國哀歌〉為描寫題材，臺灣被清朝朝廷割讓與日本，臺灣民眾被迫更改國籍，雖然不斷的以武力來抗爭還是無法取得勝利，只好透過文化啓蒙運動來反抗。賴和除了參與社會運動外，也捐助金錢來支持這些運動，甚至提筆來從戎，就算最後犧牲性命，也毫不退縮。所以賴和的反抗精神不但留傳至今，也影響著現代的作家繼續為社會不公之事伸張正義。

第四段寫出作者會繼續將賴和的反抗精神傳承下去。

李瑞騰《新詩學》說：「詩在語言上除了白描，譬喻修辭方式的運用，將使由意到象到言的整體過程複雜化，不斷產生歧異，豐富詩的內涵。」〔註81〕洪崇傑在這首〈稱仔的彼端──致賴和〉運用了不少修辭技巧如譬喻法、婉轉、借代、對比、擬人等。讓讀者在視覺、聽覺感受到各類的美感，並從外在的象去體悟洪崇傑內在的情意。

西洋諺語「沉默是金」，以沉默的方式來表達抗議是消極的作法，強權依舊歧視，唯有「雄辯是金」遇到不公不義的事，就應為爭取權利而勇於說出口。〈稱仔彼端──致賴和〉詩中「你是一條瘖啞的溪水」的喻體是「你」，喻詞為「是」，喻依則是「溪水」。洪崇傑運用暗喻法將賴和比喻成一條溪水，溪水不管是否經過砂礫堆積，甚至充滿荊棘之地，仍舊日夜不停的嘩啦嘩啦的流動著。象徵著賴和就算受了多大的壓迫仍不畏強權，繼續反抗到底。

而洪崇傑卻用「瘖啞的」來修飾溪水，為何會說是一條「不會說話」的溪水呢？其實，賴和曾在〈獄中日記〉中記錄著自己在獄中內心的掙扎與煎熬，他反駁自己穿著臺灣衫並不是懷有反抗的臺灣意識，而是為行醫方便，他卑屈的向獄卒索取牛奶、雜誌和書籍，他試圖藉讀心經來求取內心的平

〔註81〕 李瑞騰著，《新詩學》（板橋：駱駝，1997），頁49。

靜……。或許這是他最為脆弱的一面，也是最具人性的一面，但賴和從不後悔他為民眾發聲所做的努力，所以這一條「不會說話」的溪水，筆者認為應是指不會為自己的遭遇而叫苦、叫屈，實質上他是一條為貧苦百姓爭取應有的尊嚴而不斷發聲的溪水。

〈稱仔彼端——致賴和〉詩中「儘管砍伐的刀口磨亮著／枝幹仍直挺挺／如一桿稱仔」，是暗喻著賴和不畏斧鉞般的日本殖民統治者，為爭取生存之平等，挺直腰桿繼續奮鬥，而「稱仔」象徵著人間平等。〈一桿稱仔〉是賴和在 1925 年歲末所寫的一篇小說，內容是描述秦得參是佃農後代，在製糖會社的剝奪下，無法承租到田地耕作，只好改賣菜。誰知遇到貪婪的巡警索賄不成，不但將其稱仔折斷，還將他依違反度量衡規則入罪。秦得參深感生存無尊嚴的悲哀，於是抱著必死的覺悟，選擇與巡警同歸於盡。這篇小說除了同情弱者之外，更隱含著鼓勵遭受壓迫的百姓，勇敢挺身反抗不公不義的壓迫者。而這也似乎暗示著，洪崇傑身為一個現代文學創作者，要如一桿稱仔般延續賴和的精神，為遭受社會不公不義之百姓喉舌。

〈稱仔彼端——致賴和〉詩中「更迭遺佚封面的歷史／他兀自淌血／如一匹／被獵槍射中的雲豹」。賴和在 1951 年受內政部褒揚入祀忠烈祠，但被戴上紅帽子而 1958 年逐出忠烈祠，當時因涉及「思想問題」無人敢申辯，賴和因此消失在歷史的洪流中，幾被世人遺忘。獵豹是奔跑速度最快的一種動物，仍敵不過現代科技——獵槍的攻擊，比喻著賴和是一位眾人公認的一位真正的民族英雄〔註 82〕，卻敵不過少數幾個日據時代的御用紳士，用了莫須有的藉口，硬使烈士被移出忠烈祠，造成臺灣文學史上的斷層與遺憾。

蕭蕭《現代詩學》說：「所謂婉轉是一種仁者的心態，是一種不忍言而又不能不言時的表達方法。」〔註 83〕〈稱仔彼端——致賴和〉詩中「從汪洋登岸的歌謠／上游沖刷來的泥淖／總是哽塞亟欲發聲的母音……」，即是洪崇傑利用婉轉來表達國民黨時期，以北平話為國語來統一語言，使島上許多語言面臨消失的危機。李魁賢《詩的反抗》就曾指出：「當初國民黨執政時期，為了徹底執行國語教育，乃從可塑性高的兒童教育著手，在學校嚴禁使用臺灣話，只許用國語交談，違者要處罰，或罰鍰，或體罰，或施以精神虐待。」〔註84〕

〔註82〕蕭蕭等著，《賴和先生平反紀念集》（臺北：紀念賴和先生九十冥誕籌備會，1984），頁 4。
〔註83〕蕭蕭著，《現代詩學》（臺北：東大，2006），頁 236。
〔註84〕李魁賢著，《詩的反抗》（臺北：新地文學，1992），頁 191。

兒童長大成人後，因這扭曲的語言政策實施下，產生了語言歧視。認為社會上以說國語的人為上層階級，而說母語的是屬於供人使喚的下層階級的不正確觀念。

蕭蕭《現代詩學》說：「一個文學工作者要創造特殊的象徵，所謂特殊的象徵是以一種看得見的符號來表現看不見的事物。」〔註85〕。〈稱仔彼端——致賴和〉詩中「因滿佈瘡痍的聲帶／還記憶著／⋯⋯」中為何用「瘡痍的」這個形容詞來修飾「聲帶」？「聲帶」是人類發聲的器官，為何聲帶會滿佈創傷呢？其實「滿佈瘡痍的聲帶」是以瘡痍的來象徵臺灣語言使用過程曲折的滄桑史，而聲帶象徵為民代言。臺灣多次遭受不同政權的統治，在語言使用方面曾數次遭受統治者的限制。日治時期曾被禁止使用中文，國民黨執政時期，為消除日本遺毒嚴禁使用日文，甚至為了統一語言，普通話更為以北平話為國語。直到後來經解嚴、政黨輪替等，社會愈來愈開放、自由、尊重多元文化，各族群開始重視自己族群的母語。

蕭蕭《現代詩學》說：「藝術，必定基於對比而形成美感、形成力量。」〔註86〕洪崇傑在〈稱仔彼端——致賴和〉運用了對比的技巧，來增強美感與力量。如「你是條瘖啞的溪水」，溪水流過河道會發出嘩啦嘩啦的聲響，碰撞溪中碎石如何不發出聲響呢？「跋涉過嘈雜的田野」，一片廣漠的田野，原是靜謐，卻噪動不安，如此，本應動態卻靜默不語，而理應靜態卻嘈雜不已，洪崇傑利用矛盾的意識企圖造成更大的震撼力。「往金屬搭築的斗室探頭／⋯⋯／僅僅間隔的／你那浩瀚的思緒」、「往金屬圍成的牢獄轉身／廣大居間／住不下憤慨」斗室能包容浩瀚的思緒，斗室之外的天地，竟然裝不下憤慨。可見，憤怒之大是不言而喻。利用對比關係的尖銳化形成極大的力量，來襯托一物的特徵更為明顯。

（三）生命的體悟與超越

解昆樺在〈雛構新詩文體語言——賴和新詩手稿中的意象經營與修辭意識〉曾指出：「詩題往往直指詩文本內容主題。」〔註87〕所以，詩的「題目」是作者針對內容仔細思考過濾後所下的標題，所以想掌握詩的主題從題目或許是一條佳逕。〈稱仔的彼端——致賴和〉中「稱仔」象徵的是人間平等。賴

〔註85〕 蕭蕭著，《現代詩學》（臺北：東大，2006），頁 275。
〔註86〕 蕭蕭著，《現代詩學》（臺北：東大，2006），頁 170。
〔註87〕 解昆樺著，〈雛構新詩文體語言——賴和新詩手稿中的意象經營與修辭意識〉，《臺灣文學研究學報》11 期（2010.10），頁 19。

和一生相當於日本殖民統治時期，眼睛所見，耳朵所聽，都是臺灣貧苦民眾受殖民者的剝削、壓迫，悲慘悽苦的生存與痛苦生活的哀號。「稱仔」代表的是法，法理應保障人民生命財產。但事實並非如此，法是專為強權統治者的利益而設，「稱仔」便失去基本的平衡。

賴和身為一位知識份子，以實際行動參與社會運動，啟發民智，改革傳統封建陋習，並透過文學創作，將現實生活的窘境予以真實記錄下來，期能喚醒臺灣民眾，爭取生存之平等。「稱仔」的彼端，因有賴和為人民發聲，而使失衡的「稱仔」得以平衡。至於「致賴和」乃是生活在現代的洪崇傑，面對島上愈來愈多不公不義之事，令同樣是知識份子的他，期望自己能傳承賴和為的精神，為民眾喉舌而申不平。

首段「你是條瘖啞的溪水」其實並非說賴和是一條不會說話的河，而是賴和只為貧苦的臺灣民眾發聲、吶喊，而從不為自己叫屈、喊苦。賴和所處的時代，發生了新文學運動、臺灣話文運動，該使何種語言做為文學創作的工具，曾沸沸揚揚的引發眾人喧嘩，賴和一生堅持使用不全然是中國五四的白話文，而是揉雜臺灣話文的華文，這種精神深深影響洪崇傑。從「我仍張開腳掌／繼續一路拓印下去／……／總是哽塞亟欲發聲的母音／……溫習娘親／每晚在耳際的囈語」可以了解到洪崇傑深知語言對一個族群文化存亡的重要性，強調不要忘記自己族群的母語。以及渴望自己可以傳承賴和的反抗精神，為社會不平之事竭盡心力。

從第二、三段洪崇傑以賴和的小說〈一桿稱仔〉、新詩〈南國哀歌〉或許可以獲得應證，為何洪崇傑會選擇〈一桿稱仔〉和〈南國哀歌〉來做為創作題材呢？〈一桿稱仔〉、〈南國哀歌〉象徵前進。〈一桿稱仔〉殺日本巡警後自殺，同歸於盡來作結。〈南國哀歌〉鼓勵同胞一起和強權統治者一拼作結。賴和都希望不要再做順民應該起來反抗，只有勇於起來對抗才有前進的機會。

到最後的結尾「我只是一艘獨木舟／載滿你的吶喊／繼續航行下去」，正如洪崇傑在其得獎感言 [註88] 中說：「他從賴和努力下看到越來越缺乏公理正義的島上，期盼純粹而不媚俗的文字，匡正被畫歪了的地圖。」由此可以探知，洪崇傑看到賴和的努力深受感動，一股莫名的情感支持著自己要將賴和奮鬥的堅毅精神傳續下去。

[註88] 陳慶芳總編輯，《第七屆磺溪文學獎得獎作品專輯》（彰化：彰化文化局，2005），頁50。

小　結

　　文學研究考掘出賴和的文物，提供確切的資料予現代知識份子重新認識賴和。作家們閱讀賴和作品，對於賴和為臺灣民眾所做的努力，以及對臺灣文學史上的貢獻，無不感動銘腑。尤其閱讀到賴和生命終曲之作——《獄中日記》，賴和展露了人性最為脆弱的一面，無不引起共鳴。悽苦之心，無不撼動人心，激起人心的感應，而行諸於文。透過文學創作，以藝術美學的形式，將賴和獨特的思想與情感傳達出來，使閱讀者產生共鳴，進而彰顯賴和在戰後臺灣文壇的意義與價值。

　　就創作技巧而言，筆者發現五篇得獎作品中，有三篇是使用後現代技巧來寫作。在戒嚴威權體制下，賴和曾失憶於歷史的洪流。賴和獲平反以及臺灣解嚴後，賴和重新被記憶與再現，做為反抗的文字符號，凸顯臺灣現代社會層出不窮的問題，以喚醒社會大眾去反思。因此，透過後現代的創作技巧來呈現賴和的形象，正可凸顯現代所面臨的諸多問題。

　　由上述五篇得獎作品的探究與詮釋中，筆者發現，文學獎的機制再現賴和，可以透過文學創作以藝術美學的形式，將賴和獨特的思想與情感傳達出來，使閱讀者產生共鳴，進而彰顯賴和在戰後臺灣文壇的意義與價值。

第五章　結　論

　　本論文標題名為「再現賴和」，意味賴和曾經因遭人誣陷，以「反日思想激烈，屬於左派」於 1958 年被撤除其牌位逐出忠烈祠。在當時時代氛圍下，賴和因涉及「思想問題」無人敢於申辯，討論賴和被視為禁忌，於是賴和湮沒於歷史洪流中，被後生晚輩遺忘，造成臺灣文學的斷層。後經許多有心人士不斷努力的向內政部反映，使賴和沉冤得雪，獲得平反。重新入祀忠烈祠，再度被世人重新認識。賴和的作品一一被挖掘出版，研究賴和如雨後春筍般不斷的湧出，逐形成一股風潮。現代文學創作者便透過這些出土的作品與研究資料來閱讀賴和，重新認識賴和，甚至被賴和所作所為所感動。於是透過文學創作來重現賴和的形象，將這份感動傳達給讀者。

　　副標題則為「戰後臺灣各級文學詩獎的賴和書寫」，便是想透過以賴和生平事蹟為創作題材而獲詩獎的作品，進行整理與詮釋，探知現代創作家如何重現賴和？重現的是一個怎樣的賴和？而這些詩呈現的賴和形象，其實就是賴和文學接受史的一環。賴和是臺灣文學的代表人物，他的復活極具象徵意義。因此，筆者希冀由此研究，發現臺灣文學獎機制再現賴和，可顯露臺灣文學漸趨鄉／本土化的走向，及彰顯文學賴和的獨特性與賴和在戰後臺灣文壇上的意義與價值。

第一節　研究成果之統整

　　透過文學獎機制再現賴和，筆者有四點發現。其一是，文學獎就如同試紙一樣，可以做為測試的一種方法。文學隨時代風向球而轉變風格，卻能從

文學獎獲獎的作品中顯露文學發展的趨向。其二是，從獲獎的五篇作品中，筆者發現文學創作家開始嘗試以後現代修辭處理賴和的文本。其三是，從這些作家所呈現的賴和形象中，筆者發現賴和再度成為反抗的符號，來凸顯社會層出不窮的問題，呼籲社會大眾關注與重視。其四是，從獲獎的五篇作品中，筆者發現有三篇以賴和〈獄中日記〉為創作素材。身處二十一世紀的現代詩作家，看到〈獄中日記〉的賴和是毫無遮掩的憂鬱、猜疑和絕望展露出來，而深為感動。於是以詩歌的內涵來凸顯賴和人性怯弱的一面。凸顯的賴和形象，不是一位偉大的文學家，不是人格有多崇高、偉大，不是如東方不敗一樣，堅強而不會垮掉。而是一個人，一個真情流露的平凡人，會恐懼、緊張、無助、害怕的一個人。

一、文學獎得獎作品可顯露文學發展的趨向

　　一九七〇年代起，國民政府的外交經歷一連串的失利，政權逐漸式微。使曾經以現代主義創作技巧，來表達內心苦悶的作家們，紛紛回歸寫實，表達與關切臺灣這塊土地。於是鄉土文學浮出檯面，甚至發生鄉土文學論戰。之後，一九八〇年初期的統獨論戰，臺灣文學也因論戰而澄清與定位。一九八七年解嚴後，報禁解除，在言論自由、思想開放下，臺灣文學多元化。許多曾受到戒嚴而暫時失憶的議題，逐漸受到注意與認同，開始反思與去中心化，一九九〇年臺灣漸漸進入後現代。

　　文學風格隨著時代的風向球而流變，作家們的書寫題材與寫作技巧也隨之丕變。從哪裡可以明顯的窺探出其中的變化？作家們都說文學是社會的縮影，筆者發現文學獎卻是文學的顯影劑。參加文學獎競賽的創作者，若希望得獎，其文學風格、與意識形態，往往會盡量符合主辦單位與評審品味。因此，文學獎機制可以透過權力運作來形塑文學典範、影響文學風潮。也就是，探究其獲獎的作品，可以窺視出文學發展的趨向。

　　筆者爬梳戰後臺灣各級詩獎發現，書寫賴和而得獎的五篇作品，分別集中在文建會臺灣文學獎、林榮三文學獎與礦溪文學獎。其中，礦溪文學獎入選三篇，分別是施俊州〈賴和心經〉（2002 年礦溪文學獎獲選作品）（以下簡稱施作品）、徐文遠〈聽診〉（2002 年礦溪文學獎獲選作品）（以下簡稱徐作品）、洪崇傑〈秤仔的彼端——致賴和〉（2005 年礦溪文學獎獲選作品）（以下簡稱洪作品）。地方性文學獎因在地化與鄉／本土化而興起，因此，主辦單位徵文

內容會較傾向地域性與鄉／本土化，可從其獲獎作品可探知。這三篇獲獎的作品都是以賴和為書寫題材，而賴和是彰化文學家，是一位漢族意識濃厚，具有傾向鄉／本土主義思想的作家。一般而言，文學創作者的書寫風格、品味和意識形態，若與主辦單位的文學風格、品味與意識形態的關聯性高，則獲獎的機會相對的也較高。因此，從這獲獎三篇作品題材的選擇，可以推知，文學獎確實可以窺視出文學發展有鄉／本土化的趨向。

全國性文學獎的創作題材，通常多元且不受限制，在如此廣泛的寫作範圍，竟有二篇以賴和生平為題材創作而獲獎。以同樣的題材來說，這樣的獲獎機率不算低。若時間往前推至賴和未平反且尚在戒嚴解嚴前，書寫賴和的題材應該是無法獲獎機會。正因時代氛圍會改變文學的走向，改變文學風潮。從文學獎得主辦單位所入選的作品便可探悉。如全國文學獎中書寫賴和獲獎的這二篇，分別是解昆樺〈在囚獄中獲致潔淨的光〉（2002 年文建會臺灣文學獎首獎）（以下簡稱解作品）、李進文〈潛入獄中記〉（2005 年林榮三文學獎首獎）（以下簡稱李作品），其主辦單位是文建會臺灣文學獎與林榮三文學獎。前者是官方主辦，後者是私人媒體所主辦。官方主辦的文學獎，竟會入選具鄉／本土性的賴和，為創作題材的作品。可見，政府認同鄉／本土化的文學潮流。所以，從主辦單位與這五篇書寫賴和獲獎作品，交叉比對得知，文學獎的得獎作品可顯露文學發展有鄉／本土化趨向。

由上述可知，時代的氛圍足以左右文學獎對文學發展的影響力。文學獎會隨時代風向球轉動而變，同時直接影響著文學發展的潮流。文學獎就如同顯影劑一般，從其獲獎作品確實可顯露出文學發展的趨向。

二、開始嘗試以後現代修辭處理賴和的文本

一九八〇年代中期以後，後現代主義成為臺灣文壇的主流。不過臺灣的後現代主義與西方後現代主義，產生的背景是有差異的。西方的後現代主義是反思現代主義的虛無，而臺灣的後現代主義是因為政權的式微。許多曾經被壓抑而匿聲的議題，因言論自由、思想開放，而恢復潛伏的存在問題。解嚴後的臺灣，各個弱勢族群要求平等看待，各種議題獲得關注，這種思惟就是去中心化，屬於後現代主義。因此不斷開放自我、刺激思考是後現代社會的文化主流特色，也是解嚴後臺灣的發展特色。

　　賴和是一位漢族意識濃厚的文學創作家，終其一生的使用中文來創作。即使受日本的現代化教育，卻仍不屈服日本文化霸權政策。僅以日文吸收現代化知識，去反思傳統封建制度的不合理，來啓蒙民智，去除封建陋習，抵抗殖民惡權。當時的賴和，面對的是兩種文化霸權，分別是中國傳統封建文化與日本皇民化。但賴和卻以反霸權文化、去中心化的思考，來抵抗與凸顯殖民統治與傳統封建陋習所產生不合理的問題。與時俱進的賴和，首先響應新文學運動，隱含反抗思想於文學作品內，藉以啓迪民眾。參與臺灣文化協會運動，無論是金援還是文化演講，都是不屈服於日本的文化霸權，所展現的是文化抵抗。甚至，他意識到保存民間文學，不但可保留傳統漢文化不至消失，尚可以此作爲抵抗異族統治者的文化霸權侵蝕。

　　在戒嚴時期，國民政府的國語政策，母語遭受壓制、排擠，造成現代知識份子輕視自己的母語。戒嚴後，政治民主自由、社會思想開放，許多曾在國民政府文化霸權下受到壓抑的議題，如女性、同志、原住民等問題一一呈現出來。語言的使用也是其中之一，臺灣語言相當複雜，但因國民政府的國語政策，致使許多族群的語言面臨消失的危機。語言一旦消失，文化亦隨之滅亡。因此，各族群的有心人士，便紛紛群起呼籲希望可以引起重視，恢復母語來抵制國民政府的國語政策。

　　筆者從使用語言書寫來分析書寫賴和得獎的作品，發現有三篇作品使用母語來書寫。首先是，李進文穿越時空與文本對話，呈現賴和的歷史意志。其次是，施俊州透過互文性來呈現賴和的左翼思考。最後是，徐文遠透過虛實交錯與賴和對話，呈現賴和的鄉／本土思考。賴和是使用中文來抵抗日本的文化霸權，而這三篇都是以後現代呈現賴和形象，並且穿插使用母語來凸顯語言對文化的重要性。

　　再則，筆者從創作的主題意識來分析書寫賴和得獎的作品，一是，解昆樺透過現代主義修辭呈現賴和的歷史主體。突破傳統的說法，呈現賴和原具有的怯弱、肉體與尊嚴。二是，李進文穿越時空與文本對話，呈現賴和的歷史意志。凸顯社會、政治、經濟上的諸多問題，喚醒現代人的關注。三是，施俊州透過互文性來呈現賴和的左翼思考。呈現賴和的左翼思考，凸顯社會中的弱勢問題，期望能喚醒民眾去關懷、重視。四是，徐文遠透過虛實交錯與賴和對話，呈現賴和的鄉／本土思考。呈現賴和的鄉／本土思考，凸顯臺灣社會複雜的語言問題，喚醒大家重視維繫民族命脈的母語。五是，洪崇傑

透過象徵技巧詮釋賴和的經典文本。呈現賴和為貧民百姓遭遇的不公不義之事，勇於挺身而出，奮鬥抗爭到底的精神。

從上述創作的主題意識來分析，筆者發現，有四篇（李作品、施作品、徐作品、洪作品）是呈現賴和的反抗意識、人道關懷主義、為正義而奮鬥的精神等，其中，除了洪崇傑一篇以外，其餘三篇都是以後現代技巧來創作。

綜合上述可知，無論從使用語言書寫來分析，或從創作的主題意識來分析，筆者發現，現代文學創作家開始嘗試以後現代修辭處理賴和的文本。

三、賴和再度成為反抗符號，凸顯社會的問題

賴和的一生貫穿整個日治時期。他仁心仁術的醫德獲得彰化人的景仰，而被譽為「彰化媽祖」。他的文學充滿反抗精神，贏得臺灣新文學之父的稱譽。他參與社會運動，投注心力於反抗殖民者統治，被殖民者視為眼中釘、肉中刺，去之為快的人物。所以日治時期的賴和，就是日本統治者的頭痛人物，不折不扣代表著反抗的符號。

時序進入解嚴後的現代社會，雖然無賴和時期的殖民統治者欺凌壓迫，無日本殖民統治者實施的皇民化政策造成身分認同問題。但依舊有政治、社會、經濟三個不同層面的問題，如勞工失業問題、族群相忌問題、貧富不均弱勢問題等。於是這五篇獲獎的文學創作者藉由文學來抒發其感。選擇賴和為創作題材，將賴和的反抗精神，為民喉舌的正義之氣，影射自己對社會的不滿意識。凸顯社會問題，呼籲大眾去關心與重視。得獎的五篇作品中有三篇是呈現賴和的反抗形象，來凸顯現今社會所面臨的諸多問題。

首先是，李進文穿越時空與文本對話，呈現賴和的歷史意志。李進文面對現代經濟面勞工失業、社會面族群相忌、政治面國家認同不一，感到痛心與無奈。與賴和同樣是總編輯的李進文，對於賴和當時為臺灣貧苦百姓發不平之鳴，反抗殖民統治者的奉獻犧牲，與現今社會亂象對照之下，湧現一個身為文化工作者應有的正義感。於是呈現賴和的文學創作意志與精神，將賴和作為反抗的符號，來凸顯社會、政治、經濟上的諸多問題，喚醒現代人的關注。

其次是，施俊州透過互文性來呈現賴和的左翼思考。賴和在獄中將瑣碎事物與心境用草紙記錄下來。但於三十九天後，因病體弱沒又繼續寫。施俊州延續〈葆姑娘〉的寫作手法，填補空白完成賴和未竟的日記，直到撒手人

寰為止。施俊州以互文性揉入心經，獨創另類韻律感的賴和「心經」。穿插心經，並非僅只是表面陳述賴和，在獄中因心煩誦讀心經一事。其實，隱含賴和的心，賴和永遠為臺灣的苦、貧窮民眾的苦所悲，不因誦讀心經就能擺脫心中的苦。即使出獄的賴和，因病住院的賴和，撒手人寰的賴和，心中懸念的是臺灣何時脫離殖民者統治，臺灣百姓何時得以擁有生之尊嚴與自由。現代社會貧富差距愈來愈大，弱勢團體亟待社會大眾多一份的關心與援助。施俊州呈現賴和的左翼思考，凸顯社會中的弱勢問題，期望能喚醒民眾去關懷、重視。

最後是，徐文遠透過虛實交錯與賴和對話，呈現賴和的鄉／本土思考。徐文遠面對 e 世代的現今，網路資訊發達，網路文學蔚成風潮。不但科技日新月異，就連文字的使用意詭譎多變，詰屈聱牙，讓人丈二金剛摸不著頭緒。徐文遠感到十分困惑，時代的語言可以等同文學的語言嗎？網路上的文學使用的霹靂的句子與怪誕的文法，可以算是文學而傳諸久遠嗎？若否，那文學要如何才能流傳長遠呢？於是徐文遠閱讀賴和作品後，他恍然大悟，找到了文學創作的落點──土地。

賴和雖身處日治時期，接受日本現代化的教育，並且透過日文來吸收西方知識。但他卻仍堅持自己是漢民族後裔而一生都使用中文，來記錄當時臺灣貧苦百姓是如何受到日本殖民統治者的欺凌、壓迫。而這些貧苦的百姓幾乎都是農民，百分之八十是不識之無的文盲。所以賴和所使用的語言不是中國白話文，而是揉雜臺灣話在內的華文，以淺顯易懂的語言來傳達極具社會意識的創作內容，來喚醒臺灣民眾為臺灣這塊土地奮鬥，爭取生存應有的尊嚴。因此，徐文遠呈現賴和的本土思考，凸顯臺灣社會複雜的語言問題，喚醒大家重視維繫民族命脈的母語。

從上述分析可知，解嚴後的現代社會，文學創作家面對社會諸多的問題，會以賴和為反抗符號，來表達心中的不滿，與抗議社會的不公不義。以此凸顯社會問題，呼籲大眾一起來關心與重視。因此，賴和再度成為反抗的符號。

四、詩歌內涵凸顯賴和人性怯弱的一面

在眾多研究中，賴和一直是抗日英雄的形象，是不畏艱難，是勇敢的、不畏懼的。但，其實不然，從賴和的〈獄中日記〉裡，看到的是賴和毫無遮掩的憂鬱、猜疑和絕望。令身處二十一世紀的現代詩作家為之動容，而以詩

歌的內涵來凸顯賴和不同面貌的人性形象。前述的五篇詩作品中，有三篇以賴和的〈獄中日記〉為創作素材，捕捉賴和人性複雜的一面。凸顯的賴和形象，不是一位偉大的文學家，不是人格有多崇高、偉大，不是如東方不敗一樣，堅強而不會垮掉。而是一個人，一個真情流露的平凡人，會恐懼、緊張、無助、害怕的一個人。

其一是，解昆樺〈在囚獄中獲致潔淨的光〉是從賴和被囚禁在獄中，在其身心飽受煎熬時，賴和呈現出人性怯弱的一面。他無助恐慌的思索與過去的自己辯駁，從接受總督府醫學校到行醫、寫作，以及二度被日警拘禁等種種過往事情。一幕幕的回想，堅強的背後是不為人知的脆弱與辛酸。解昆樺讀賴和的〈獄中日記〉感受到賴和內心的另一面，因賴和真人性的流露而感動。賴和就如一般人一樣，會恐慌、會害怕、會無助，企盼渴望能再次獲得自由。於是，解昆樺運用文學技巧，透過語言，重現不同的賴和形象，不是戰鬥的賴和，也不是勇敢無畏懼的賴和，而是最人性的賴和，是一個真情流露的平凡人。

其二是，李進文〈潛入獄中記〉，穿越時空與文本對話。時間是從 1941 年賴和因被疑與翁俊明有關而遭日警逮捕入獄到 2005 年的現代。而空間是從日治時期的監獄到現代作者生活的空間。內容並不從賴和所從事的文學與文化活動，來凸顯賴和是一位抗日英雄，是臺灣新文學之父。卻是從在獄中的賴和身體、心理方面如何飽受痛苦的折磨去著墨。關於反抗帝國主義、臺灣新文學的發展隻字不提，而道盡了賴和不為人知的辛酸事與怯弱無力的一面。透過想像，使現實與歷史文本〈獄中日記〉進行虛實交錯再對話，形成另一新的文本。

其三是，施俊州的〈賴和心經〉。施俊州從賴和的〈獄中日記〉看出賴和的脆弱無助，需藉讀佛經，來撫平心靈的恐懼感。擔心家庭生計負債無法負擔、父母年邁無法頤養天年，身體每況愈下，無法目睹臺灣脫離日本殖民統治者，林林總總牽絆著他。於是透過互文性的方式，將〈獄中日記〉與〈般若波羅密多心經〉彼此交織。去追溯賴和在彰化被囚禁的意象，寫出賴和內心的另一面，在獄中「人」性怯弱的感受。

由上述可見，以往文學研究所呈現的賴和形象如東方不敗的英雄形象，已非是賴和受後世人敬重景仰的唯一徑路。除了學術界也有凸顯賴和生命的另一面向，從賴和怯弱、無助、徬徨的人性面去探討與詮釋之外。身處二十

一世紀的現代作家也開始從不同以往的角度，來詮釋台灣新文學之父賴和。透過想像、創造性的詩歌，來捕捉賴和人性複雜的面貌，不再是全然的堅強，而是具平凡人的悲觀與怯弱。

第二節　未來研究之展望

　　從本論文的研究，筆者發現賴和在戰後臺灣文壇上的意義與價值。透過文學獎來再現賴和，對於曾湮沒於臺灣文學史之洪流，又銷聲匿跡於戰後國民黨的中國教育體制下，幾不被現代知識份子所認識的賴和。透過文學獎機制的運作下，賴和的文學再度受到臺灣文壇的重視。又誠如上述五篇得獎作品，呈現各種不同層面的賴和形象。使賴和再度成為反抗的符號，凸顯社會層出不窮的問題，如勞工失業、族群猜忌、國家認同、母語、弱勢不平等問題，來喚醒現代社會大眾去正視這些問題。除此之外，報刊媒體刊登這些得獎作品，使現代默默無聞的年輕作家或已成名的中年作家，獲得精神上的鼓勵與肯定。社會各階層都會因閱讀而受感動，除了達到提升人民文化素質，鼓動全民寫作風潮，社會上的諸多問題，也因此獲全民的正視與關注。

　　筆者在作此論文研究，曾訪談二位獲獎的作家（李進文、施俊州），他們都曾一致表示，受賴和小說的寫作技巧影響最大。賴和可說是全方位的作家，詩、小說、散文、雜文等都曾寫過。其中詩的創作量更多，無論是傳統漢詩還是新詩都有創作，尤其是傳統詩還多至上千首。但影響現代作家的，竟是小說的寫作技巧。這是很奇特的一個現象，值得許多學者加以研究與探討。

　　本論文戰後臺灣各級詩獎，是以「文建會臺灣文學獎」、「林榮三文學獎」，作為全國性文學獎的觀察對象。以各縣市政府文化局所舉辦的文學獎，作為地方性文學獎的觀察對象。藉由詩獎得獎作品的蒐羅、爬梳，及得獎作品的分析與詮釋。希冀由此研究，發現臺灣文學獎機制再現賴和，可顯露臺灣文學漸趨鄉／本土化的走向，及彰顯文學賴和的獨特性與賴和在戰後臺灣文壇上的意義與價值。然而臺灣一年所舉辦的文學獎與徵文活動幾近二百種，對於其他文學獎未加著墨之處，可待日後進一步深入探討研究。

參考書目

一、專書

1. 王曉波著,《被顛倒的臺灣歷史》(臺北:帕米爾書店,1996)。
2. 卡勒(Jonathan Culler)著;李平譯,《文學理論》(香港:牛津,1998)。
3. 吉田莊人著,彤雲譯,《從人物看臺灣百年史》(臺北:武陵,1997)。
4. 李南衡主編,《賴和先生全集》(臺北:明潭,1979)。
5. 李喬,《寒夜三部曲——2 荒村》(臺北:遠景出版事業公司,1981)。
6. 李篤恭編者,《礦溪一完人》(臺北:前衛出版,1994)。
7. 李魁賢著,《詩的反抗》(臺北:新地文學,1992)。
8. 李瑞騰著,《新詩學》(臺北:駱駝,1997)。
9. 李瑞騰總編輯,《2009 臺灣文學年鑑》(臺南:國家臺灣文學館,2010)。
10. 李進文等著,《第一屆林榮三文學獎得獎作品集》(臺北:林榮三文化公益基金會,2005)。
11. 吳叡人撰,〈認同的重量:《想像的共同體》導讀〉,班納迪克·安德森作;吳叡人譯,《想像的共同體:民族主義的起源與散布》(臺北:時報文化,1999)。
12. 吳音寧等著,《第一屆礦溪文學獎得獎作品專輯》(彰化:彰化縣立文化中心,1999)。
13. 何寄澎主編,《文化、認同、社會變遷:戰後五十年臺灣文學國際學術研討會論文集》(臺北:文建會,2000)。
14. 林央敏主編,《語言文化與民族國家》(臺北:前衛,1998)。
15. 林瑞明著,《臺灣文學的歷史考察》(臺北:允晨文化,1993)。

16. 林瑞明著,《臺灣文學與時代精神:賴和研究論集》(臺北:允晨文化, 1993)。

17. 林瑞明編,《賴和全集 雜卷》(台北:前衛,2000)。

18. 林瑞明編,《賴和全集 小說卷》(台北:前衛,2000)。

19. 林瑞明編,《賴和全集 新詩散文卷》(台北:前衛,2000)。

20. 林瑞明編,《賴和全集 漢詩卷下》(台北:前衛,2000)。

21. 林衡哲著,〈臺灣現代文學之父〉,《二十世紀臺灣代表性人物(上)》(臺北:望春風文化,2001)。

22. 尚・塞爾維爾(J. Servier)著;吳永昌譯,《意識型態》(臺北:遠流,1989)。

23. 周英雄,劉紀蕙編,《書寫臺灣:文學史、後殖民與後現代》(臺北:麥田,2000)。

24. 侯伯・埃斯卡皮(Robert Escarpit)著;葉淑燕譯,《文學社會學》(臺北:遠流,1990)。

25. 施俊州等著,《磺溪文學獎得獎作品集 第四屆》(彰化:彰化文化局,2002)。

26. 施懿琳等著,《臺灣文學百年顯影》(臺北:玉山社,2003)。

27. 徐秀慧著,《戰後初期(1945〜1949)臺灣的文化場域與文學思潮》(臺北縣:稻香,2007)。

28. 涂公遂著,《文學概論》(臺北:五洲出版,1996)。

29. 康原著,《種子落地——臺灣文學評論集》(臺中:晨星發行,1996)。

30. 康原編,《尋找臺灣精神》(彰化:賴和文教基金會,1997)。

31. 康原著,《尋找彰化平原》(臺北:常民文化,1998)。

32. 康原著,《賴和與八卦山》(臺北:中華兒童叢書,2001)。

33. 張漢良、蕭蕭著,《現代詩導讀(導讀篇)》(臺北:故鄉出版社,1982)。

34. 張俐璇著,《兩大報文學獎與臺灣文學生態之形構》(臺南:南市圖,2010)。

35. 莊永明,《臺灣百人傳》(臺北:時報文化,2000)。

36. 莊萬壽等編撰,《臺灣的文學》(臺北:群策會李登輝學校,2004)。

37. 陳孔立主編,《臺灣歷史綱要》,(臺北:人間出版,1996)。

38. 陳千武著,《臺灣新詩論集》(高雄:春暉,1997)。

39. 陳建忠,《書寫臺灣・臺灣書寫:賴和的文學與思想研究》(高雄:春暉,2004)。

40. 陳慶芳總編輯,《第七屆磺溪文學獎得獎作品專輯》(彰化:彰化文化局,2005)。

41. 陳芳明著，〈百年孤寂的賴和〉，《賴和研究資料彙編下》（彰化：彰縣文化，1994）。

42. 陳端明著，〈日用文鼓吹論〉《臺灣青年》四卷一號，漢文之部。

43. 彭瑞金著，《臺灣新文學運動四十年》（臺北：自立晚報社文化出版部，1991）。

44. 彭瑞金主編，《李魁賢文集 第六冊》（臺北：文建會，2002）。

45. 彭瑞金主編，《文建會臺灣文學獎得獎作品集》（臺北：文建會，2002）。

46. 彭瑞金總編輯，《2002 臺灣文學年鑑》（臺北：行政院文化建設委員會，2003）。

47. 黃武忠著，〈溫文儒雅的賴賢穎〉，《臺灣作家印象記》（臺北：眾文，1984）。

48. 董學文主編，《西方文學理論史》（北京：北京大學，2005）。

49. 劉紀蕙著，《文學與藝術八論：互文・對位・文化詮釋》（臺北：三民，1994）。

50. 賴和紀念館編，《賴和研究資料彙編上》（彰化：彰縣文化，1994）。

51. 賴和紀念館編，《賴和研究資料彙編下》（彰化：彰縣文化，1994）。

52. 蕭蕭著，《現代詩入門》（臺北：故鄉出版社，1982）。

53. 蕭蕭等著，《賴和先生平反紀念集》（臺北：紀念賴和先生九十冥誕籌備會，1984）。

54. 蕭蕭著，《現代詩縱橫觀》（臺北：文史哲出版，1991）。

55. 蕭蕭著，《現代詩學》（臺北：東大，2006）

56. 蕭阿勤著，《回歸現實：臺灣 1970 年代的戰後世代與文化政治變遷》（臺北：中研院社研所，2008）。

57. 薛化元編著，《臺灣地位關係文書》（台北：日創社文化，2007）。

58. 羅青著，《詩的風向球》（臺北：爾雅出版社，1994）。

二、學位論文

1. 莊宜文，〈《中國時報》與《聯合報》小說獎研究〉（碩士論文，國立中央大學中國文學系，1997）。

2. 陳淑娟，〈賴和漢詩的主題思想研究〉（碩士論文，私立靜宜大學中國文學系，1999）。

3. 陳政彥，〈戰後臺灣現代詩論戰史研究〉（博士論文，國立中央大學中國文學研究，2007）。

4. 陳玉慈，〈凌煙小說之研究〉（碩士論文，中正大學臺灣文學所，2011），頁 28。

5. 張俐璇，〈兩大報文學獎與臺灣文壇生態之形構〉（碩士論文，國立成功大學臺灣文學研究所 2006）。

6. 張曉惠，〈解嚴以降，三大報文學獎短篇小說獎之文學意涵研究〉（碩士論文，私立淡江大學中國文學系碩士在職專班，2009）。

7. 黃立雄，〈賴和文學作品中的抗日意識研究〉（碩士論文，私立玄奘大學中國語文學系碩士班，2005）。

8. 盧翁美，《李喬《寒夜三部曲》人物研究》（碩士論文，國立彰化師範大學國文學系研究所，2004），頁 44。

9. 簡志龍，〈賴和漢詩中的社會現象分析語研究〉（碩士論文，國立屏東師範學院國民教育研究所，2002）。

三、期刊論文

1. 向陽，〈海上的波浪——小論文學獎與文學發展的關聯〉，《文訊》218 期（2003.12），頁 38。

2. 吳憶偉，〈地方文學聲聲響——對地方文學獎的幾點觀察〉，《文訊》218 期（2003.12），頁 46。

3. 林慧敏，〈從《文學界》到《文學臺灣》〉，《屏東教育大學學報》25 期（2006.9），頁 299。

4. 《夏潮》2 卷第 3 期（1977.03），頁 69。

5. 莊宜文，〈文學競技或人性試煉？談文學獎的光明與幽暗〉，《文訊》218 期（2003.12），頁 41。

6. 黃鶴仁，〈臺灣的地方文學獎——以九十四年文學獎爲主〉，《東吳中文研究集刊》14 期（2007.6），頁 209～222。

7. 解昆樺著，〈雛構新詩文體語言——賴和新詩手稿中的意象經營與修辭意識〉，《臺灣文學研究學報》11 期（2010.10），頁 10～43。

四、報章評論

鄭麗園，〈英國豐富的文學獎〉，《聯合報》，1988.01.02.，第 21 版。

五、網路資料

1. 教育部國語推行委員會編著，《重訂標點符號手冊》修訂版，http://www.edu.tw/files/site_content/m000l/hau/h5.html，2011.04.11 參閱。

2. 國立中興大學中國文學系人員執掌，http://chinese.edu.tw/people/bio.php?PID=99，2011.9.19 參閱。

3. 陳芳明著，〈賴和隨筆與獄中日記〉，賴和紀念館，
http://km.cca.gov.tw/laihe/c1/c12_011bg.htm，2012.01.11 參閱。

4. 陳昭如著，〈二〇以及九〇年代知青的困惑——我看河左岸的〈賴和〉〉，
賴和紀念館，http://cls.hs.yzu.edu.tw/laihe/B2/newspaper.asp，2012.01.11
參閱。

5. 陳永峯著，〈郭珍弟：賴和不是神他也有痛苦——跳脫偉人塑造模式，從
其最徬徨無助時期入手〉，賴和紀念館，
http://cls.hs.yzu.edu.tw/laihe/B2/newspaper.asp，2012.01.11 參閱。

附錄一：李進文訪談記錄

訪問時間：2011 年 6 月 15 日下午三點十四分，6 月 20 日下午十二點五十八分

訪問地點：透過網路 e-mail（標楷體爲李進文所答）

訪問作家：李進文（以下訪談記錄中簡稱「李」）

訪問者：黃淑華（以下訪談記錄中簡稱「黃」）

黃：老師可不可以談談您是在何種因緣之下，開始接觸臺灣文學與賴和作品？

李：並不是因緣。本來就應該讀臺灣文學啊，包括賴和、鍾理和、李喬、鍾肇政、七等生、黃禎和、黃春明等等等，我都讀。

黃：老師我有一個問題想請教您，對臺灣文學貢獻卓著的作家很多，究竟是什麼緣故讓老師選擇了賴和做爲您創作的素材？

李：賴和某些特質跟魯迅很像，魯迅的全集我也是很熟悉的。還有賴和在那個時代所使用的寫作語言加入了台語，語言很活潑。這兩點引起我的興趣。其實——只是因爲我正好當時在閱讀賴和的小說，讀完，想寫一首詩。我不是爲了參加文學獎而寫。

黃：老師可不可以談一下，您選擇〈獄中日記〉做爲寫作材料的想法？

李：我是選擇賴和的作品與其人格特質來寫，不是只針對〈獄中日記〉一書。

黃：藝術的創作在上承傳統、下啓現代，詩是精緻的藝術，老師可以談談您自身詩歌創作有否受到賴和的影響？

李：沒有。賴和作品主要是小說，不是詩。

黃：能獲得評審青睞，在寫作技巧必然獨樹一格，想請教老師您有關於這篇〈潛入獄中記〉得獎作品的寫作手法與詩觀？

李：向陽老師為決審委員之一，他有針對此詩作評語，可參考，如下：

本詩以臺灣新文學之父賴和生平事蹟為題材，藉由賴和重要作品《獄中日記》為第一文本，採取與文本相互對話的後設書寫技巧，進行文本的再對話。賴和在日本治台年間的為義鬥爭圖象、文學書寫、編輯工作，以及對同志、家人的摯愛，透過在他過世（1943）六十二年後潛入「獄中」的「我」的筆下，一一浮現。獄中情節，宛然如真，賴和身影，躍然紙上，是一首能夠深刻描繪臺灣歷史人物的好詩，也是一首能夠化史料殘篇為生動影像的佳作。

賴和一生，兩次遭日本當局下獄，一為 1923 年 12 月因「治警事件」第一次入獄，第二次則是 1941 年 12 月 8 日，珍珠港事件爆發日，再度被拘，他在獄中以草紙撰述《獄中日記》，反映被統治者無可奈何的悲哀。本詩題目〈潛入獄中記〉，既是表露作者與賴和獄中文本的對話記，又有藉賴和獄中日記寄寓六十多年後的作者面對經濟面勞工失業、社會面族群相忌、政治面國家認同不一的感慨。在戰前與當代的時間換置之間、在真實與虛構的文本互為詮解之下，成功表現了歷史文本與現實世界的弔詭辯證，這是本詩最令人動容之處。而詩的用語，排除慣見的象徵筆法，融散文句式、小說敘事於一體，尤使本詩獨樹一格。

黃：賴和是彰化人，您又是以他的作品為書寫題材，想請教您當初怎麼沒有選擇磺溪文學獎來參賽呢？

李：創作和閱讀，不要有地域的概念。賴和的文學是屬於彰化的、臺灣的、也屬於世界的資產。至於參不參加文學獎，並不重要。

黃：文學獎在評選方面會有偏向某方面的主題意識，在選擇投稿時，老師您會考慮創作的素材而選擇較易獲獎的文學獎舉辦單位？

李：不會。

黃：參加文學獎對於踏入文壇或其他方面，以您的立場您覺得會有哪些實質益處？

李：就是上戰場進行實戰訓練。

黃：老師您說賴和在那個時代所使用的寫作語言加入了台語，語言很活潑，引起您的興趣。從他人研究賴和的論文中曾說在賴和那個年代，他想以保留臺灣話語，來保存臺灣傳統文化，以及作為對抗日本的文化教育。而您的作品〈潛入獄中記〉也出現台語的書寫，學生也覺得很有趣，不知老師可不可以說一下，您寫作語言加入台語的想法是什麼？

李：有關《潛入獄中記》加入台語，這點，妳問得很好，我是有用意的。

其一是，既然是寫作者「我」與「賴和」，要進行「對話」，在語言的使用上，就必須要有臨場感，我儘量模仿賴和的語言。

其二是，如果妳有看過我的詩（應該很少吧^_^，從妳問的問題我看得出來詩不太是妳的閱讀領域），這首〈潛入獄中記〉跟我以前慣用精緻、繁複意象的寫法不同。因為賴和是小說家，我故意以比較「鬆」的文字（要讓讀者像讀小說似的），這樣，在詩中「我用小說的寫法加上台語的運用」讓讀者有臨場感。「後設」也是為補強結構，以免太「鬆」。換言之，創作先想好形式，再用最適當的文字去書寫。而不是沿襲自己的寫作習慣。

其三是，方言的使用，是活化語言的方式。這是一個全世界皆然的議題和方向。詩中我也儘量考慮到雙關語，如「嬉囂」（除了國語字面意思，也有台灣「起肖」發瘋之意），又如「夢露」（網路）之偕音，網路泡沫就跟春花夢露一樣虛幻。

另補充，有些我都是有目的作安排，如詩中「繞過你屋外那棵蘋果樹，另一棵不是蘋果樹卻善心指路，」是故意仿魯迅的一句話：「窗外有兩棵樹，一棵是棗樹，另一棵還是棗樹。」除了情緒的鋪陳，也指涉賴和對魯迅的崇拜，以及魯迅對賴和的影響。

第二大段，看似條列其子女早夭，其實是我仔細看賴和的年表，做換算統計（我的是念統計系的嘛），突然發覺的。老實說，看似簡單其實必須費心加上細心。

黃：標點符號的功能，在消極方面，能添增文句意氣的明確度；積極方面，則足以表達文句的聲音、神情、語氣以及節奏、時間感。老師您這篇〈潛入獄中記〉很特別，詩裡用了 4 個冒號，8 個問號，5 個破折號，我很想知道老師您有特別的意涵或表達技巧嗎？

李：至於標點符號，這是枝節問題。至少一位成熟的創作者，要使用正確，就能加分。我會盡量使用標點，目的之一也是希望讀起來有小說的節奏感，更流暢，不要太像純詩，因為我寫的是一位小說家。我也會預設是小說家賴和在看這首詩，而不是詩人在讀這首詩。

附錄二：施俊州訪談記錄

訪談時間：2011 年 6 月 19 日下午一點三十分到三點五十分
訪談地點：台南市舊冊店（標楷體為施俊州所答）
受訪作家：施俊州（以下訪談記錄中簡稱「施」）
訪問者：黃淑華（以下訪談記錄中簡稱「黃」）

黃：老師您榮獲不少的文學獎，也有許多作品在副刊、詩刊等發表。可不可
　　以談談您是在什麼時候開始寫作？

施：我是從高中開始喜歡創作，且立志要當作家，高中畢業立志要當詩人。

黃：老師你高中開始喜歡創作，是什麼時候開始接觸臺灣文學？

施：一開始我讀很多學校，大學讀四間沒畢業。所以，我沒有學士學位。一
　　直到第四間讀成大外文，修讀林瑞明的課程，開始研讀臺灣文學（當時大
　　學仍未有台文系），所接觸的臺灣文學是比較集中於鄉／本土派。同時也
　　開始接觸詩、詩評如創世紀，對歷史漸漸較了解。

黃：老師你說一開始所接觸的臺灣文學是比較集中於鄉／本土思考方面的。
　　這會對你在詩的創作方面有影響嗎？

施：臺灣文學我是指集中於鄉／本土思考方面的。一開始我純粹是讀詩。我
　　讀詩論應該是大二上學期。我讀詩評、詩論，才發現臺灣的詩壇其實有分
　　派系。有省籍，美學觀念的差異，那是我以前讀詩沒有發現的。我有讀詩
　　和詩評的習慣，修現代詩那學期，到圖書館印了許多相關資料來讀，結果
　　我頭一次發現戰後現代詩歷史上天大地大的關唐事件（1972～1973）。既
　　然那麼喜歡詩，就會讀那些詩論和詩評，甚至一般介紹性的東西，如某個

詩人跟某些人或是某些東西，那些都是歷史的一部份，漸漸的就會進入臺灣文學史的脈絡。關傑明與唐文標反對現代詩的寫法，那時我也有在看，有的人寫的，沒人看得懂。他們就是要反對這種詩風，因為新一代寫實已經要起來了。

黃：老師你開始接觸臺灣文學是接近鄉土文學論戰？當時都看哪些資料？

施：對！對！1972，1973。後來 1977、1978 鄉土文學論戰。我印象很深，笠詩刊出版《混聲合唱》，那本《混聲合唱》我有買，一出版我就買了，我還買 2 本，一本好像 900 元還是 1000 元，買一本送給同學。我就是要看你笠詩刊到底在寫什麼。我印象中大概就在這時候開始接觸就對了。不過，我還是有讀詩。

黃：老師，你接觸賴和作品大約什麼時候？

施：應該從這時候出版開始。《賴和全集》出版的時候，我可能就去買了，我都全部看了。

黃：因為林瑞明老師的關係嗎？

施：我跟林瑞明比較像文友，不像師生關係。我是有修他的課，之後，很少見面，淡如水這樣。尤其這些年就沒有，頂多打個電話。都跟他談文學事，不會談其他的。就是那種關係啦！接觸賴和作品應該是那時候開始的。之前，可能也會讀一些政論如 228 的或什麼的。雖然我讀外文系，不過，我那時候我設定，我是 86 期的，沒有畢業，我是 92 到 96，那時候我修完一年級。因為我是當完兵，之前我讀很多學校，所以我一開始就打算讀研究所。那時候我去考清華的文學所，他們文學所分二組，一組是中文的，一組是外文的，我考外文組，因為那時候讀外文系。也有去找一些，所以說多少會讀一些。那時候沒有臺灣文學史，不知道有沒有人在籌備，也什麼都不知道，我只是想讀文學所。

黃：老師你的創作經驗相當豐富。不過，從 2005 年開始，你的創作量很少，幾乎都是論評，請問你還喜歡創作嗎？

施：我是從創作這條路走進去的。高中不知死活想要當作家，後來的我可以說是落魄，有人說流浪也好。大概可能 96 或 95，我把整個房間的詩集都打散了，說這些東西害了我一生。其實我算是，不是說我文藝青年就怎樣，

我也算是文藝青年走過來的，知道被文學這條路上害死了。我是很坎坷，高中畢業一直到東華 2003 年畢業，花了 16、7 年。大學讀 7、8 年，四間沒有畢業。終於畢業了，所以是對我個人難題比較大。當然後來因為我以同等學歷報考研究所，我是讀創作所，所以創作給我機會，但其實創作路是很坎坷的，如葉石濤說的：天譴。天譴不是說文學不能生活，不完全是這樣，而是說你花那麼多心力，如果你做生意可以得到更多，相對的文學得到的比例太低了。後來就走進研究所就比較寫論文比較多。但我還是比較喜歡創作，創作不用寫論文要引經據典寫得一清二楚。創作又可以想像，多好，又可以營造自己的世界。

黃：老師我有一個問題想請教您，咱臺灣很多作家，彰化也很多，為何你會選擇賴和的生平事蹟，作為你創作的題材？

施：2000 年林瑞明出版《賴和全集》，我也買了一套來閱讀。之後，我在 2002 年初，就讀東華大學讀創作所時，修讀曾珍珍老師的「文類研究：詩歌」課程，剛好又有課程要求，期末報告要寫詩。覺得賴和的〈獄中日記〉可以寫成詩，於是花了十天才完成。同時，我將〈賴和心經〉投故鄉彰化的磺溪文學獎（第四屆），11 月，得獎作品專輯出版，有被刊登出來。

黃：你曾經是成大詩社的發起人，但你也有寫散文、小說。請問你最喜歡以哪一種文類來創作？

施：我散文寫很少，其實很想寫小說和詩。後來去花蓮就寫小說，我的重心都放在小說。

黃：小說有興趣，詩你也有興趣，請問老師你投稿時，為何會選擇詩來創作？

施：正好有那個稿。我們畢業要寫一個創作，我是寫小說。當時除了只想把畢業作品寫出來之外，就是準備考博士班。所以在創作方面，只將心思放在畢業作品上，對於參賽作品並無特別的想法。

黃：老師你將賴和的一生與心經相疊合，很符合賴和當時的心境，也很特別，請教你當時怎麼會想到要揉入心經呢？

施：剛好賴和用心經，我手邊剛好也有心經。妳看創作年表，雖然看不出來，但是我可以指給妳看。我覺得我早期寫的都是小眼睛、小鼻子的東西如小品，愈來愈短 30 行、20 行，後來 1996 年 12 月 3 號從這時期開始，從〈兩

顆月亮個別住在鏡子罅裂的兩半〉這首開始，不過這首也才 50 行。後來我就想不要寫小眼睛、小鼻子的東西，寫一些長一點的。我這首〈兩顆月亮個別住在鏡子罅裂的兩半〉的題材別人要看，不見得看的出來，其實我是要寫同性戀者，不是針對哪個事件或是人物。我說的是那個時間點，從這裡開始要寫一點長一點的比較切合時間點。〈葆姑娘〉（2001.06.23）就是，這種題材和我的閱讀有關係。我讀林瑞明那本書，林瑞明是我老師。賴和的〈獄中日記〉除了文壇的事情外其餘生活瑣事都有交待，你看獄中的他身子變軟弱。

黃：老師你寫的好像都是賴和的苦情，賴和的悲情。

施：不知道妳是否看出來了，我是在強調賴和始終沒有離開監獄。其實監獄就是病院，病院就是監獄，臺灣就是一個病院。賴和心情不穩定，欠稅，還是什麼？他都在讀心經但也都不穩定，寫著他身體實在不太好，也很煩惱。其實在這種之前約二個月寫一首〈《招魂》章句選註：詹益華自焚十週年〉，妳注意看這個 SPEAKER，這詩裡面 SPEAKER 是指說話的人，我設定的人鄭南榕對詹益華講話，但我在裡面都插，招魂，我沿襲這種寫法寫〈賴和心經〉。

黃：老師你不是說你比較愛小說，小說不是都是虛構的？

施：我喜歡虛構，我喜歡假扮。

黃：以賴和生平事蹟為題材來寫小說是不是很難寫？

施：我沒想過。因為一般用詩來寫比較多，都沒用小說寫。我比較喜歡詩來寫，很少用小說來寫。鍾理和也曾寫過，好像比較少，稍微有點歷史小說的味道，以後可能可以。

黃：老師〈賴和心經〉詩中提到的第六個主日，好像是基督教的。你寫的是佛教的佛經，怎麼會用不同宗教的用語？與你的信仰有關嗎？

施：要看說話人是誰，基本上是第一人稱，第二人稱是第一人稱的變形。第三人稱，有一個說話的人，小說稱為敘述者，就是 SPEAKER。第一個說話者就是 WRITER 可以說是作者，這是我的色彩。民國 97 年我開始信教，但沒有入教，我是信耶穌。

黃：老師再請問你，彰化肉圓，是我們彰化的特產，使用彰化肉圓食物來起句？有特別的意涵嗎？

施：起句很難講。妳看〈葆姑娘〉的起句－高雄 15 號碼頭的燈光，是因為林瑞明記起他要去高雄搭船到金門當兵。當時的賴和在警察局留置場，食物、打小孩等日常生活的色彩，對他都是很敏感的。監獄中就是味道、聲音。

黃：老師你為什麼要從第 40 天開始寫？

施：為什麼 40 天，這是延續〈葆姑娘〉那時的想法，就是填補空白。賴和日記只記錄到 39 天，之後，因身體不適就中斷了。我就是要填補日記裡面那段空白。日記本來有，但後來不見了。我去補寫這段空白，才有文學張力。

黃：老師我發現〈賴和心經〉你用好多冒號，這有沒有什麼特別的意義？

施：冒號在英語類似破折號，中文破折號也有冒號的意思，用法當然不一定一樣。中文的破折號用法比較狹隘，破折號有一種語氣轉折其中一種，另一種類似同位語那種味道。冒號我大概都是為了解釋前面所說的，或者是後面所說的要進一步擴充前面所說的。

黃：老師〈賴和心經〉詩中說：「你是賴和，我是賴和……」，請問老師這是群眾的象徵嗎？

施：與聖經、佛經有點類似的，可以說是色即是空，空即是色。就我的理解，色是一種現象，色就是我們看到人間各種現象，其實賴和他所代表的可以是任何人。

黃：這首〈賴和心經〉詩中說：「金色陽光如銅號吹奏不垢不淨的輓歌，不增不減／恍恍惚惚那是半線古城某一斷代婚娶的行列」，請問老師「陽光」、「銅號」、「輓歌」、「婚娶」之間有何關聯？

施：陽光很燦爛好像是金色的銅號，不垢不淨、不增不減，這些是心經的。把陽光形容是銅號，樂隊，其實如果妳有注意聽都是「出山的」（閩南語發音）。好像是樂隊，因為他在監獄裡，耳朵心思很靈敏的，我當然是用他的觀點。這是第三人稱，第三人稱有一部份用賴和的觀點，日頭光，但我是把它形容像樂隊走過，那是整個臺灣某個時代，那是整個時代。

黃：老師「某個斷代」是什麼意思？

施：某一個斷代，就是指某一個時間點，比如說日治時代。其實這種婚禮就是喪禮。陽光，樂隊，銅管吹出來銅管吹出來像樂隊一樣，這種感覺才有辦法聯到婚禮或喪禮。

黃：老師你那時候怎會想到婚禮或喪禮？

施：這是我個人的想像，台語我也有寫一首婚禮變成喪禮。

黃：老師你一開始就先設定〈賴和心經〉這個題目嗎？

施：一開始就設定賴和心經，並沒像有的人會有醞釀期，因為我先設定好架構，接著就一句一句順下來。

黃：老師，研究賴和文學創作，感覺就像是為賴和重新定位。

施：對啊，一定是這樣。建構就是這樣，再現也是如此。

黃：老師可否談一談，你是用什麼角度來重新定位這個賴和？

施：日據時代有三種知識份子，一種是傳統的知識分子，崇文社那些人。現代的知識份子，有一種偏向民主觀點，與另外一種偏階級的觀點。我接觸的理論比較偏馬派馬克斯的思想，所以比較會去想突顯賴和左派的立場。

黃：藝術的創作在上承傳統、下啓現代，詩是精緻的藝術，老師可以談談您自身詩歌創作有否受到賴和的影響？

施：賴和我比較欣賞他的是小說，他的詩我不覺得，都寫的不好。其實我以前對賴和小說印象不好，讀了游勝冠研究賴和的博士論文，才改觀的。他把賴和詮釋得很好。經過他這樣解釋，我覺得賴和小說不簡單，他是面對一個殖民地作家，所面對殖民現代性的問題。殖民現代性，現代性是一個蠻負面的詞。因為這是後結構在探討現代性，比如說殖民者會說衛生不衛生，你吃蒜頭就不衛生，因為他們沒有吃蒜頭。吃蒜頭所產生的異味，其實是跟衛生不衛生無關。但經過殖民者那一套二分法的價值，就會讓被統治者或被殖民者很自責，甚至對殖民者就會很自卑，沒有信心。不過身為知識份子的賴和就打破這個。賴和對於殖民現代性，不會像一般知識分子，那麼一廂情願的完全接受。所以說知識份子會反傳統，傳統包括很多內容，包括廟會、傳統民俗、甚至什麼草藥、中藥，這些都算是。一般的知識份子都會擁抱、媚化殖民者現代性宣傳性的價值，相對的就會反封

建，但就游勝冠詮釋的賴和，他覺得傳統不一定要完全排除掉，他裡面有一點是屬於民族性的東西，屬於臺灣性的東西。賴和在他們那一代寫小說，好像就只有獨獨賴和，他的作品有呈現這個特點。不是說有賴和小說多有現代小說的技巧，而是我認同游勝冠的說法。事實上，賴和的文筆不好，有點口號，但是他精神可佳，都很有正義感。

黃：能獲得評審青睞，在寫作技巧必然獨樹一格，想請教老師您有關於這篇得獎作品的寫作手法與詩觀？

施：互文性。最簡單講法是妳看到的是二種文本，一種是妳引用，如心經、招魂。妳要找古早的文本或別人的文本和妳所要寫的題材互相對話，因為妳要創作一種文本。那時候一開始的想法就是這樣。互文性是屬於後結構的概念，後結構其中有一種是解構，其實最簡單來說，文本的意義是流動的，是能動的，不一定是來自作者，作者也是在等著符號，系統重整歷史過程其中之一而已。所以詩人也只是抄人家的，抄是一種語言背後負載各種意義歷史性。早期作者都強調作品的意義是作者給的,其實不是，文本本身、作者或讀者詮釋會產生不同的意義，這種互文性意義很複雜的，不是定一尊，不是大顯作者所給予。我記得評審好像有一個渡也，渡也我不認識也不熟。渡也說是透過是仿擬，仿和擬都一樣意思，一般用詞不是這樣，應該是擬諷，既模仿又嘲諷。我在台中讀冊時，有一個不認識的同學寫一篇陋室銘，他投稿台中青年，模仿陋室銘的文體。台中二中是男女合校，是寫他如何看對面女生班，有點類似既模仿又嘲諷或是好玩的動機。仿擬、拼貼，拼貼就是就是直接拿別人的東西套進去，詼諧等方式書寫賴和的一生，點畫賴和奉獻的心志。渡也沒說用後現代，其實那時候我都讀林耀德的東西，我也有受他的影響，且文學系的都講後現代。剛好賴和也用心經，我手邊剛好也有心經。那是別人送我的，好像是我姐姐。事實上心經我也不是每句都懂，也是照字面的意會套進去。其中是在於設計，因為臺灣在那個時代好像病院，監獄也是病院，我說賴和終不得自由這一句，是指賴和去逝。這首也和〈葆姑娘〉有關係，因為我說賴和寫日記嘛，其中有幾個手法，因為第幾天第幾天…第 42 天，因為後面病房一日世上是千年，他說往後十行一萬年，往後十行一萬年，妳要注意這裡 1 月 23 日算到 1 月 31 日，大約 10 天的樣子。

黃：老師，〈賴和心經〉使用互文性這種創作手法，會不會令讀者無法讀懂心經而影響理解詩意？

施：一開始先設定一個大的象徵式的結構，這個象徵式的結構結果可能關注全篇，放在整篇文章中都是，是暗喻。美國有一個佛羅斯特他是要寫山坡融雪，但整首詩沒有看到融雪。但是卻看得到詩意，其實是已經把融雪語意化，全篇都是。他沒有把詩意把融雪語意說破，這是從頭到尾全篇延續性的延伸。所以妳要把全篇設定好，詩，有時候我稱之為張力，語言跟語言的張力，也可以是說一個詞跟一個詞，一行跟一行，一段跟一段，比較淺白的，整首詩或象徵。先設定好，其實他的詩意都在那邊，就不用斤斤計較去找出意象背後代表的意思，他那種寫法就是這樣，像這種詩很簡單。心經我也看不懂，所以我就跳脫，或照字面。其實我也只是照字面，去理解心經。若有人說要讀得很清楚，心經和作者寫的有什麼關係時，就會一個頭二個大。所以我剛開始是這樣，後來我就沒有看心經，就看你寫的部份。其實參加這次文學獎有多好笑妳知道嗎？因為當時在花蓮東華大學讀創作所，還沒有畢業，縣府通知要頒獎，我就回來。那一天早上，去會場問主辦單位頒獎的時間、地點。結果，主辦單位說獎已經於前一天就頒了。頒獎時間是星期六，而我竟弄錯以為是星期日。時間錯過這樣，很天耶，我印象中就是這樣。

黃：文學獎在評選方面會有偏向某方面的主題意識，在選擇投稿時，老師您會考慮創作的素材而選擇較易獲獎的文學獎舉辦單位？

施：這個從來沒有人問我寫作主題意識，這個我自己很有意思，我有想到這一點。我說〈彰化的雪〉，如果妳有機會去找〈彰化的雪〉，在那個府城文學獎不知道第幾屆，該不會是第四屆，我說這篇散文和妳的問題有關係。像府城文學獎，其實我比較沒有去投，除了聯合新人學獎，中時、人間我都沒有。我有作品就投這裡就好了，我又沒有多出來的作品。那〈彰化的雪〉如果我印象沒錯的話，原先好像我不能參加，但最後還是可以參加。其中有一個原因，是府城文學獎或是南瀛文學獎的評審一看作品，就知道是屬於比較鄉／本土派的。其實我的作品，受現代主義或後現代主義影響蠻大的，我自己覺得。不然如果有機會妳拿我一本詩集看看，妳可能看不懂。

黃：老師你認為評審有某些意識的偏向，會影響參賽者嗎？

施：很明顯。如〈彰化的雪〉這篇得到府城文學獎第一名。當時我有個文友辛金順，他是得到佳作，頒獎時，他跟我說：俊州你這件作品的寫法並不討好本土派的。對我來講，我不會很在意，我能得獎就好，我有錢可花就好，我是很單純的這樣。但是因為評審制度確實存在，這種評審，其實有時候文學獎，參加者比評審還有資格當評審，有那種現象，所以說也沒辦法。我不習慣用那種很平實的方法寫，我已經習慣用比較奇怪的方法寫，那是習慣不是刻意的。所以會考慮到，也許有點不滿那又怎麼樣，不過我也可以接受，畢竟是他們的權力。

黃：老師就你個人的看法，你覺得文學獎會影響整個文學的走向嗎？

施：會，會。我是說到某一個階段，第一個一個作者要領稿費，那是天經地義的，問題是到了某一個階段，他自己會超脫，這時候他會寫出超越什麼的作品。但如果一直都在投獎，就比較不會超越，因為跳不出文學獎那個框。不過，那個框也很難講啊，有時互相影響。如果你的作品非常奇特、優異，有時候也會被讀者接受，也會影響評審，評審的選擇有時候和地方有關係，所以很難。

黃：林榮三文學獎與文建會臺灣文學獎都比較屬於鄉／本土的，老師當初怎麼沒有想到要參加徵文比賽呢？

施：我都沒投過。因為那時候我已經開始做研究，創作我都停了，直到 2003 年為止。後來我就接觸台語文學。

黃：那老師你會不會投林榮三文學獎與文建會臺灣文學獎？

施：台語文學不會得獎啊！投他幹嘛，如果我會投應該會投華語。不過，我都沒有在注意他們這種文學獎。我知道又來了，但我都沒有注意。因為聯合報、中國時報沒有，自由時報有傾向鄉／本土的。但是評審結構也還好，跟人間差不多。我有注意過，就是擔任評審的委員也會到其他的地方，只會有些差別不會差太多。如張大春、楊牧、向陽等，比較鄉／本土也只有一、二個，不會絕大多數。其實台語文學界對林榮三或者是自由時報都沒什麼好感，我個人是還好啦。因為可能我個人的層次，我比較 CARE 集結成冊，要寫台語、華文都 OK 啦！我剛剛說台語文學界對林榮三沒什麼好感，林榮三基金會是有開台語班，但自由副刊卻是華語的天下。

黃：參加文學獎對於踏入文壇或其他方面，以您的立場您覺得會有哪些實質益處？

施：參加文學獎也是因為生活上的因素。投稿有時候一篇才 300 塊，那時候自由晚報才 300 塊、500 塊、600 塊、700 塊，一個禮拜最多三、四篇。尤其寫詩，妳看報紙，一天才刊一首而已，哪有可能每天都在刊你的，不可能。寫散文或小說，算字的，像聯合，算字的喔！

黃：哦！那聯合報百萬小說文學獎，我看到老師你也有得到佳作。

施：那個佳作也不叫獎金，叫做最高稿費，一個字 2 塊。那篇一萬出頭，二萬多元。後來投文學獎，因為文學獎獎金比較高。

黃：有的人說參加文學獎是生活上的困難，更有人說是進入文壇的入場券，老師你覺得呢？

施：我投我的啊。一開始他們只知道有一個叫王卦怠的，後來才發現王卦怠就是施俊州，大概就是這樣子。附近有些老師知道我也在寫作這樣，我寫了一本詩集，結果出版了也沒有人知道啊。我跟妳說喔！我看得很清楚，你不要以為刊了幾首就很偉大，那就好像投到大海裡面的石頭，一個漣漪而已，沒有人會注意的，我很早就有這個觀念。